Chorales

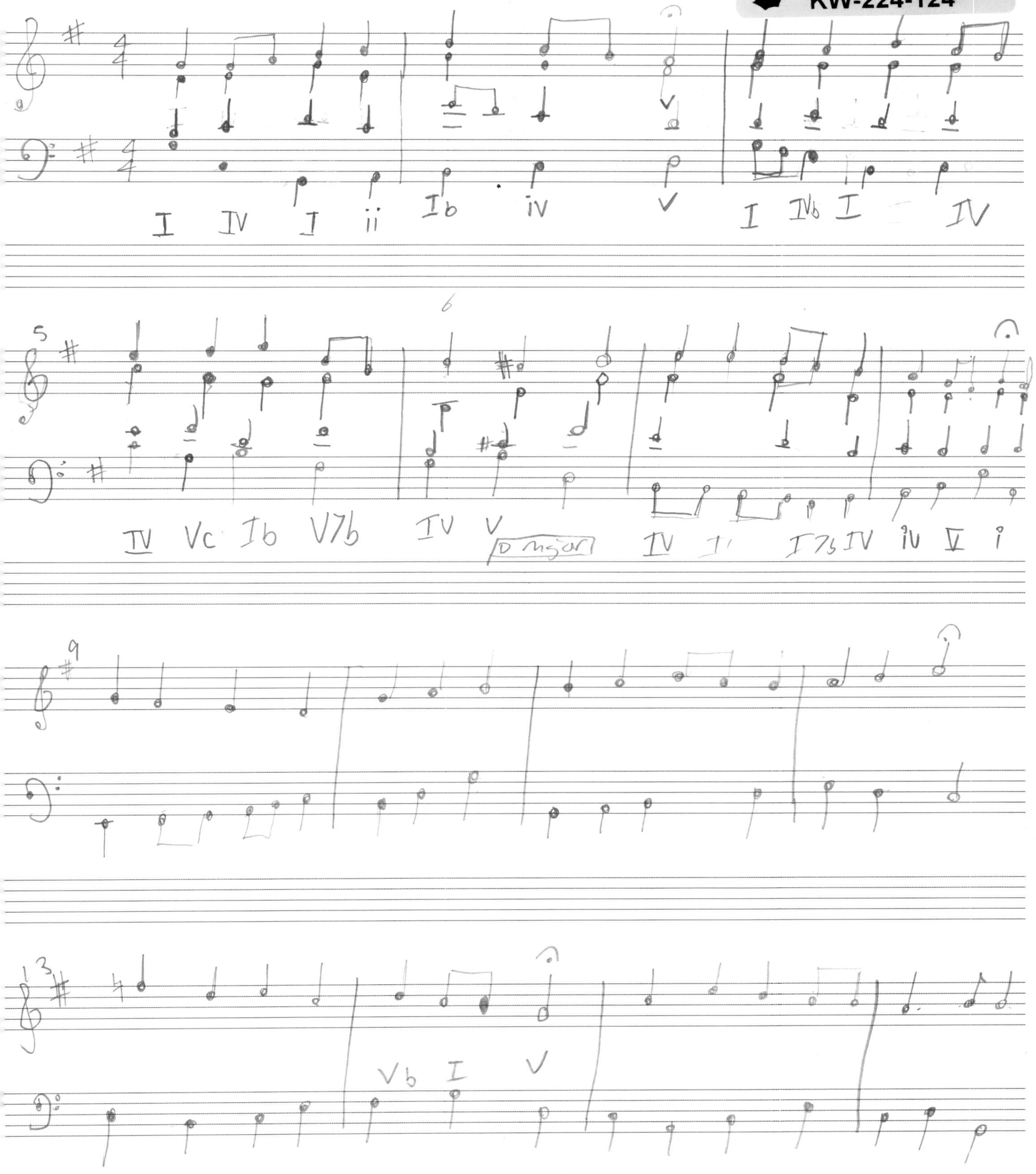
I IV I ii Ib iv V I IVb I IV
IV Vc Ib V7b IV V
D major
IV I7b IV iv V i
Vb I V

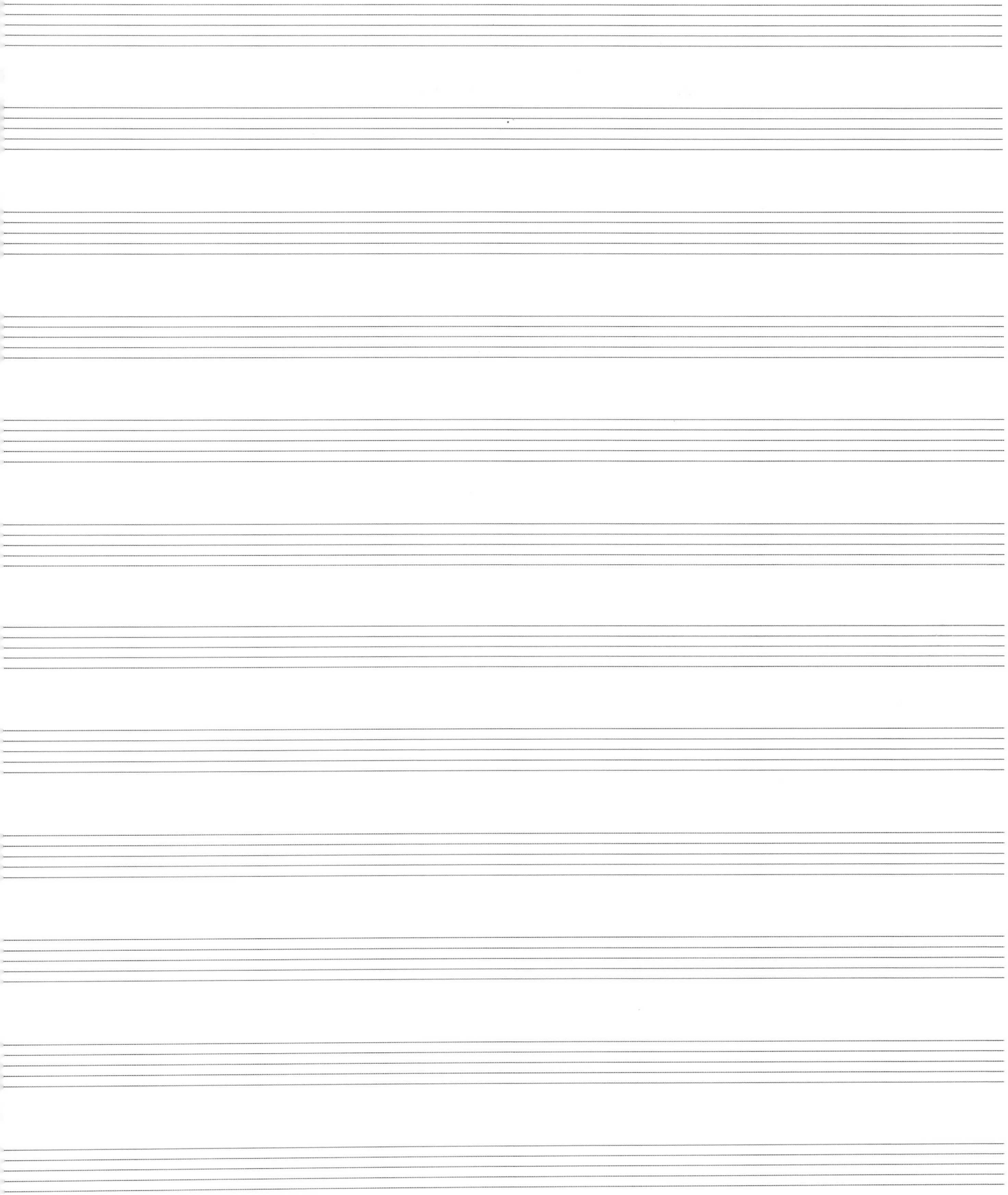

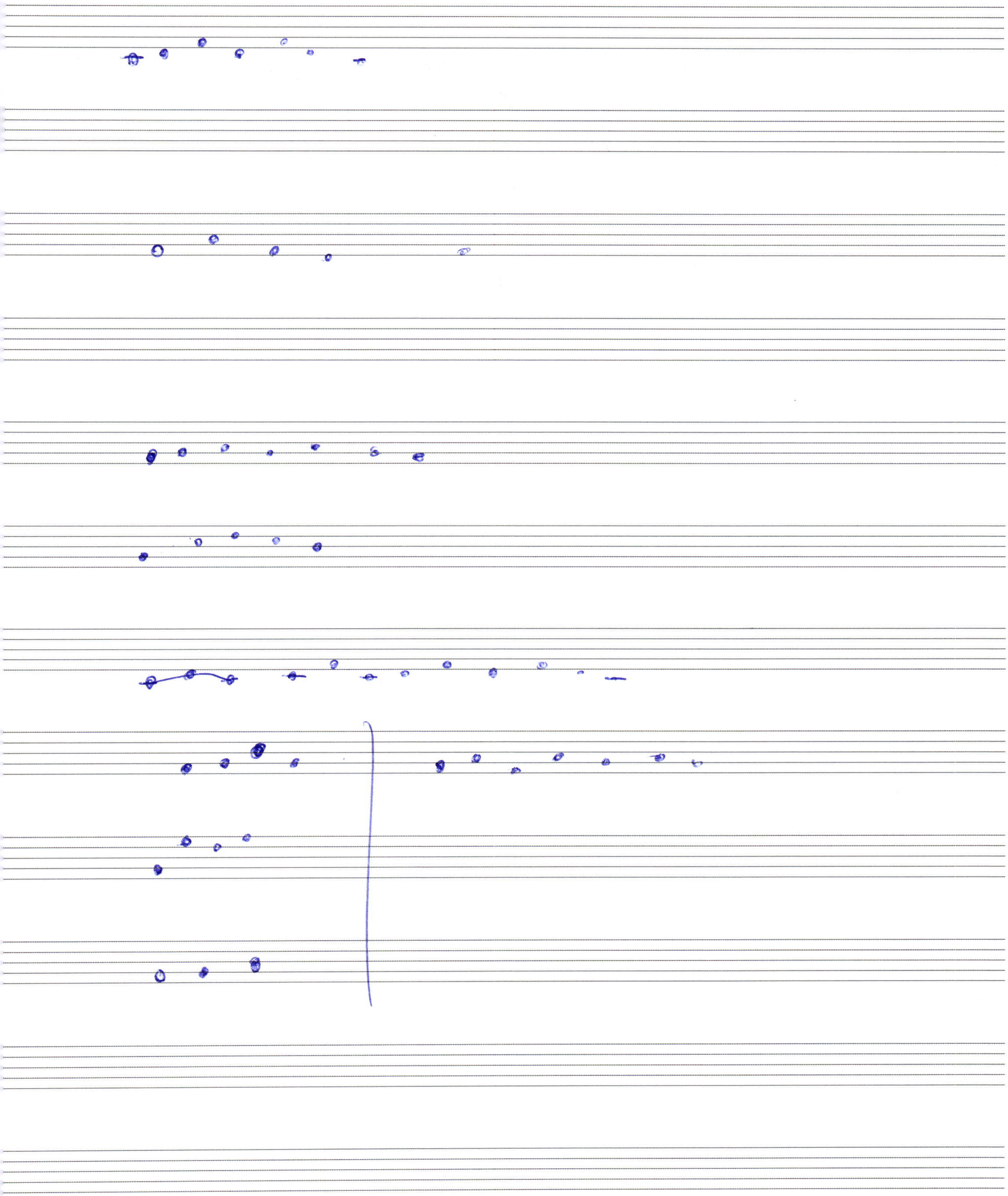

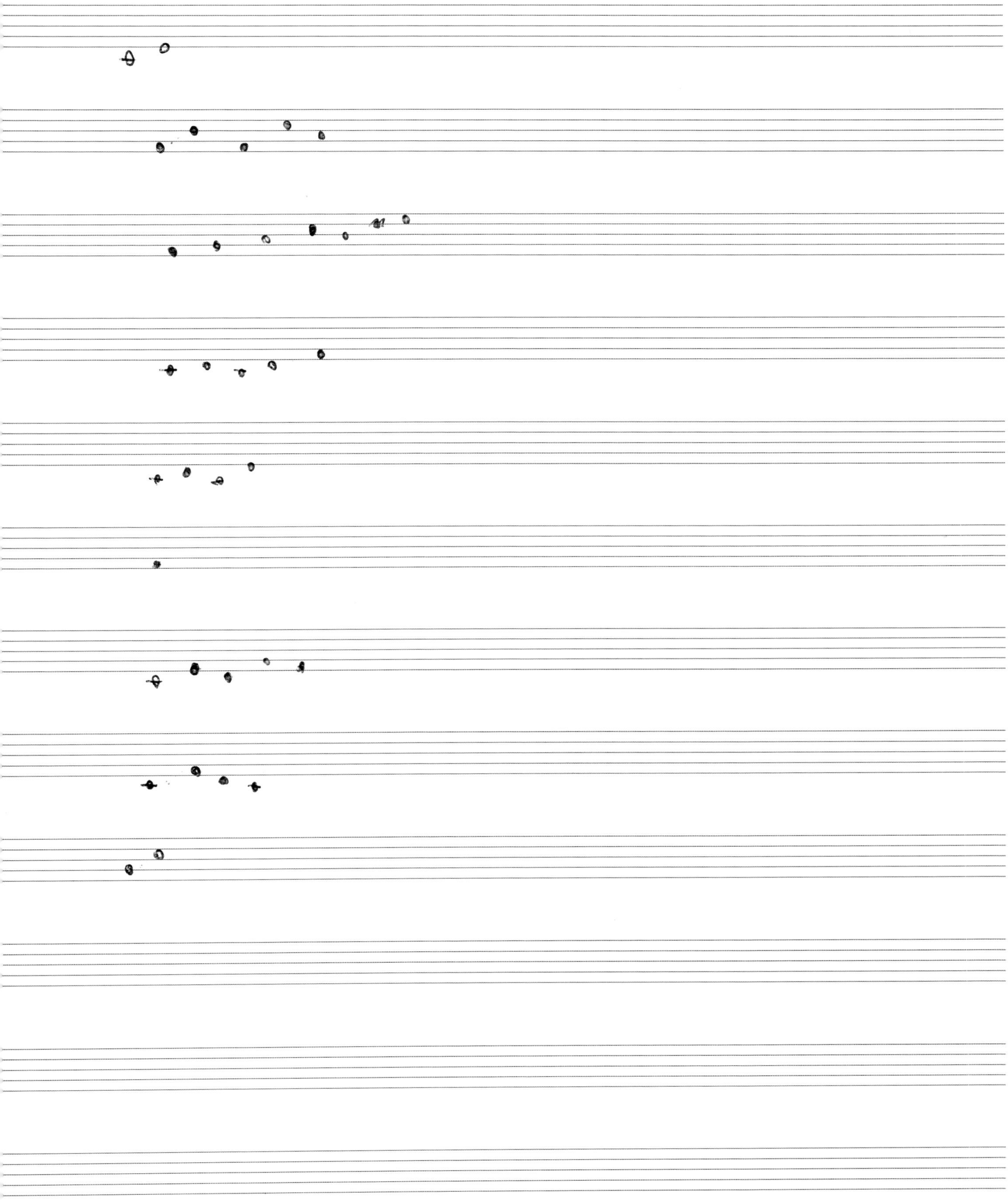

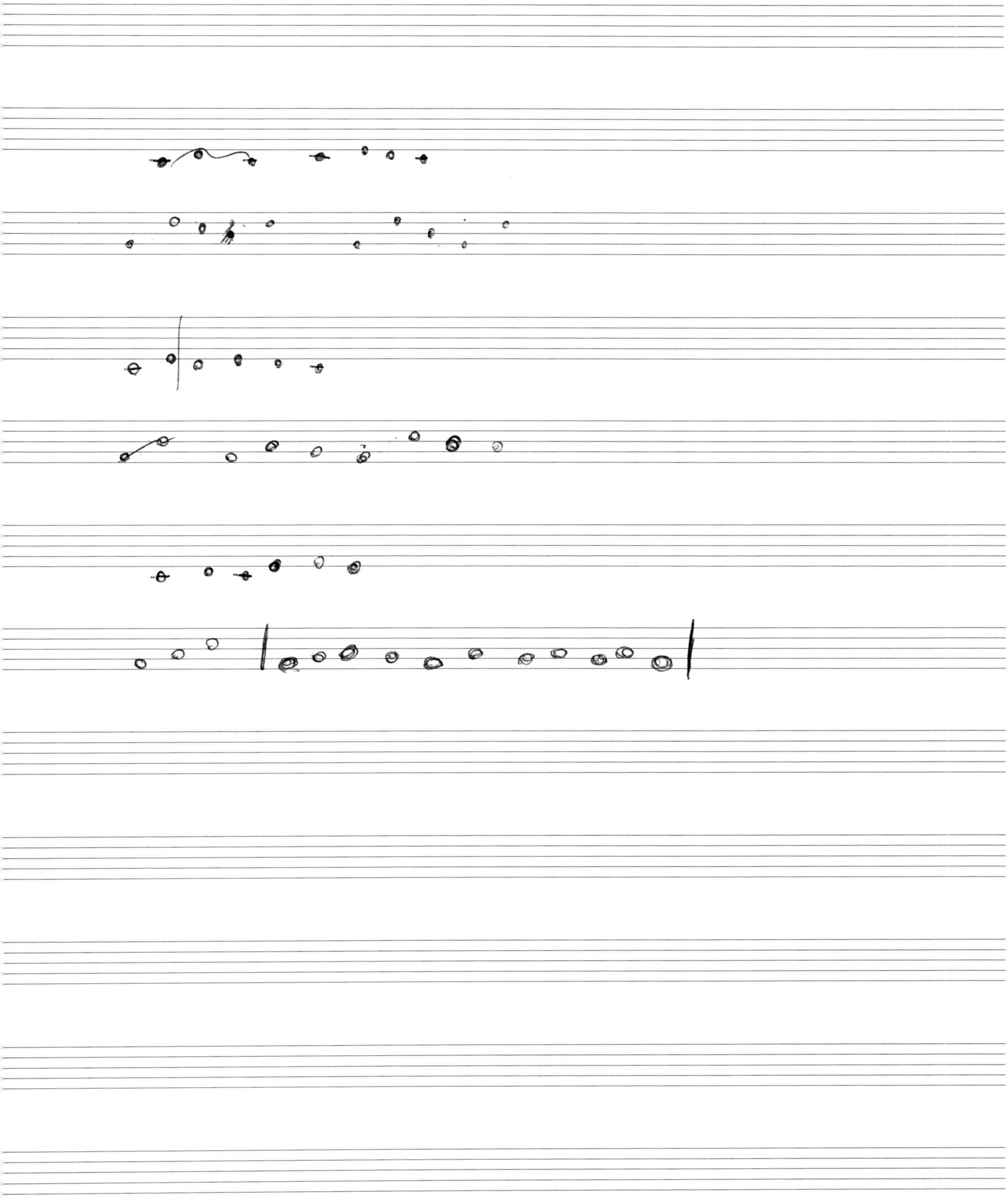

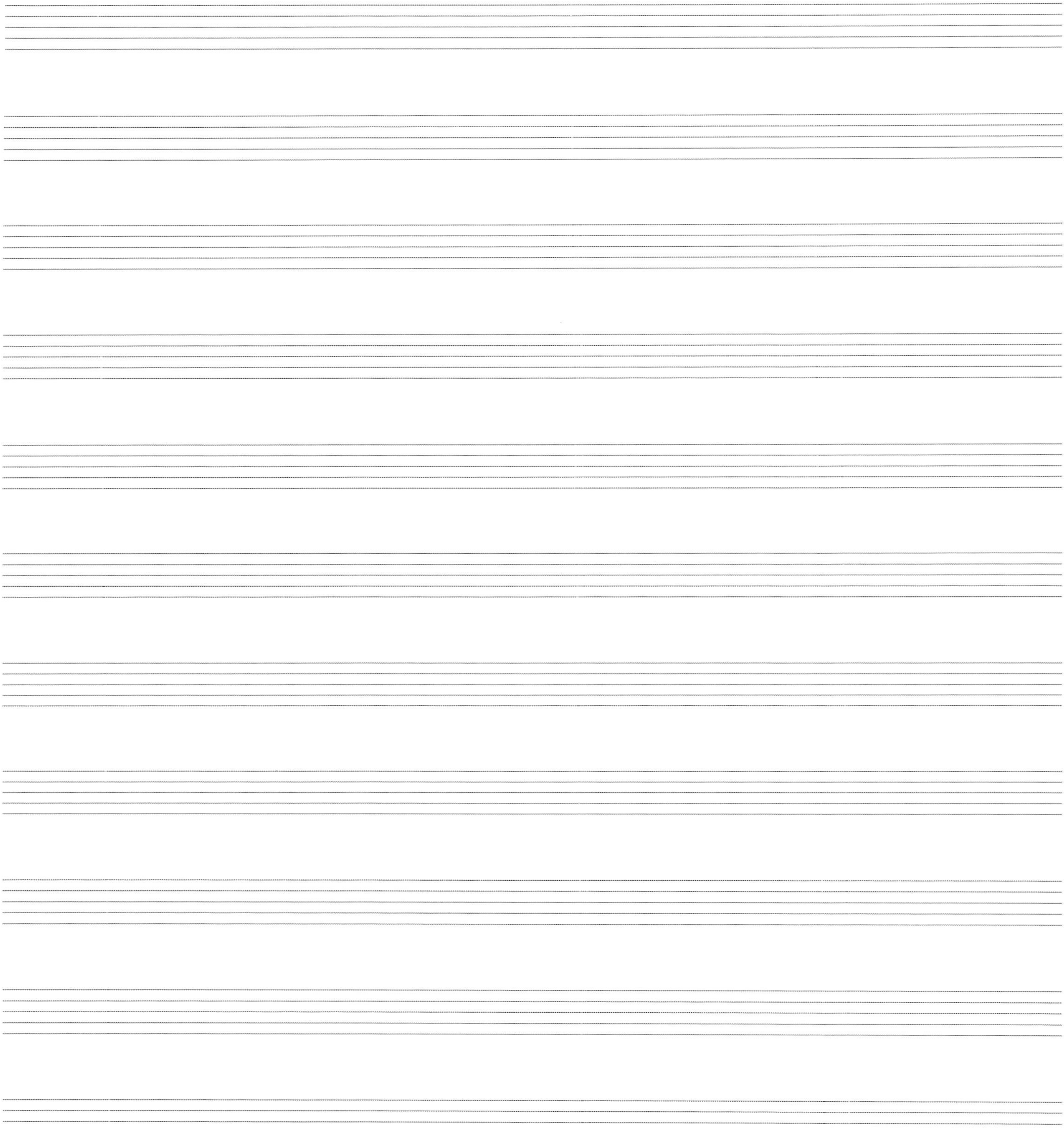

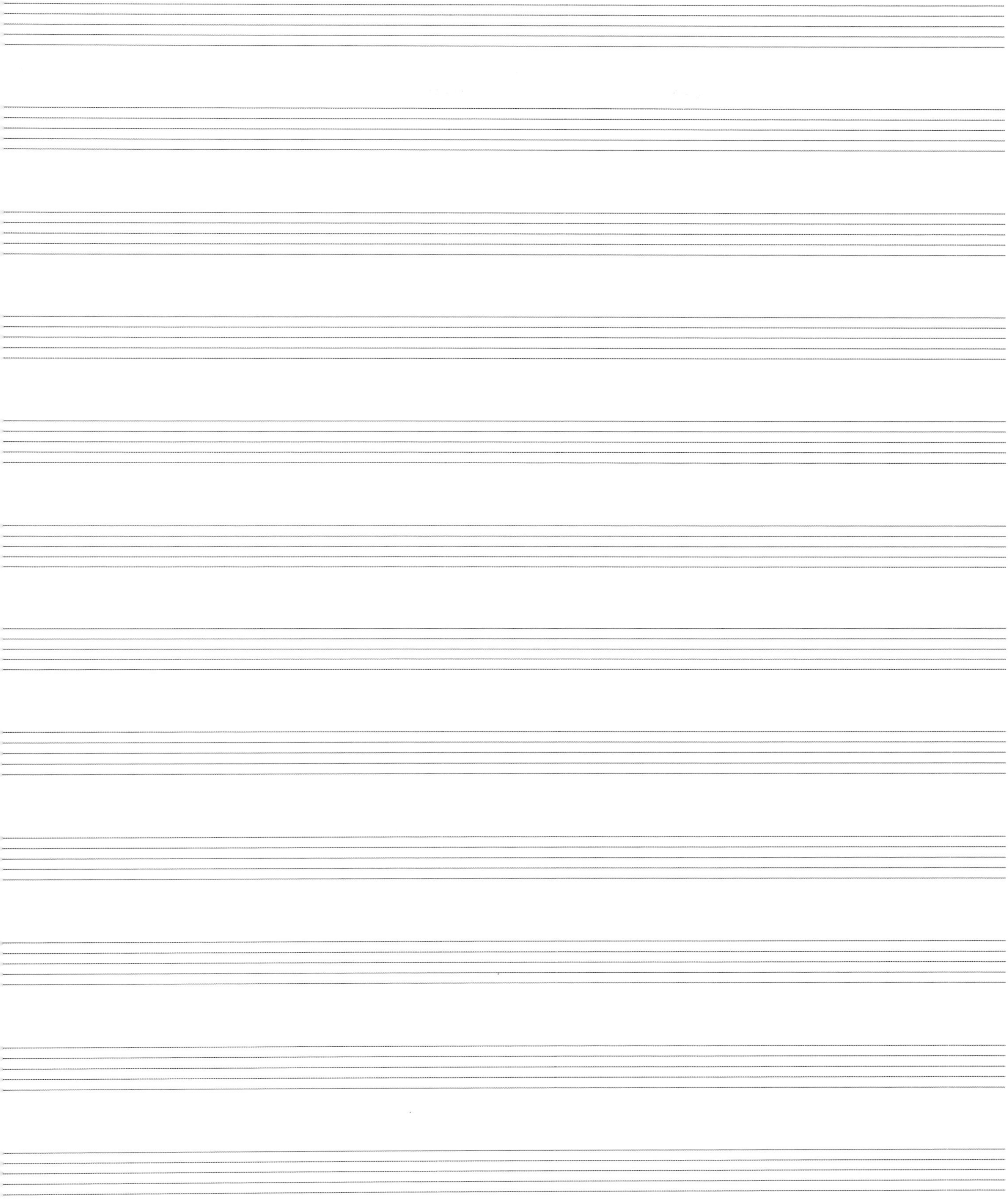

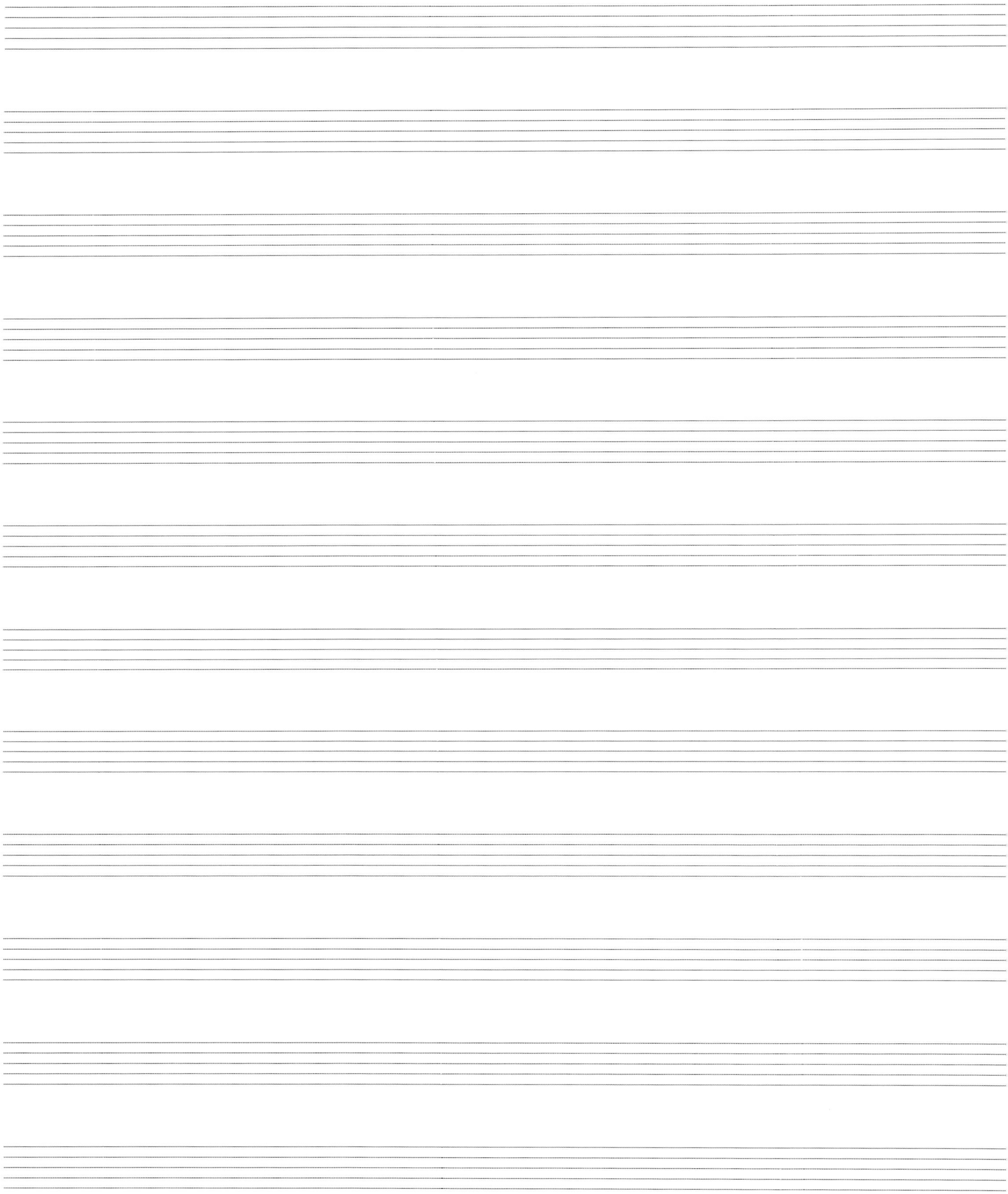

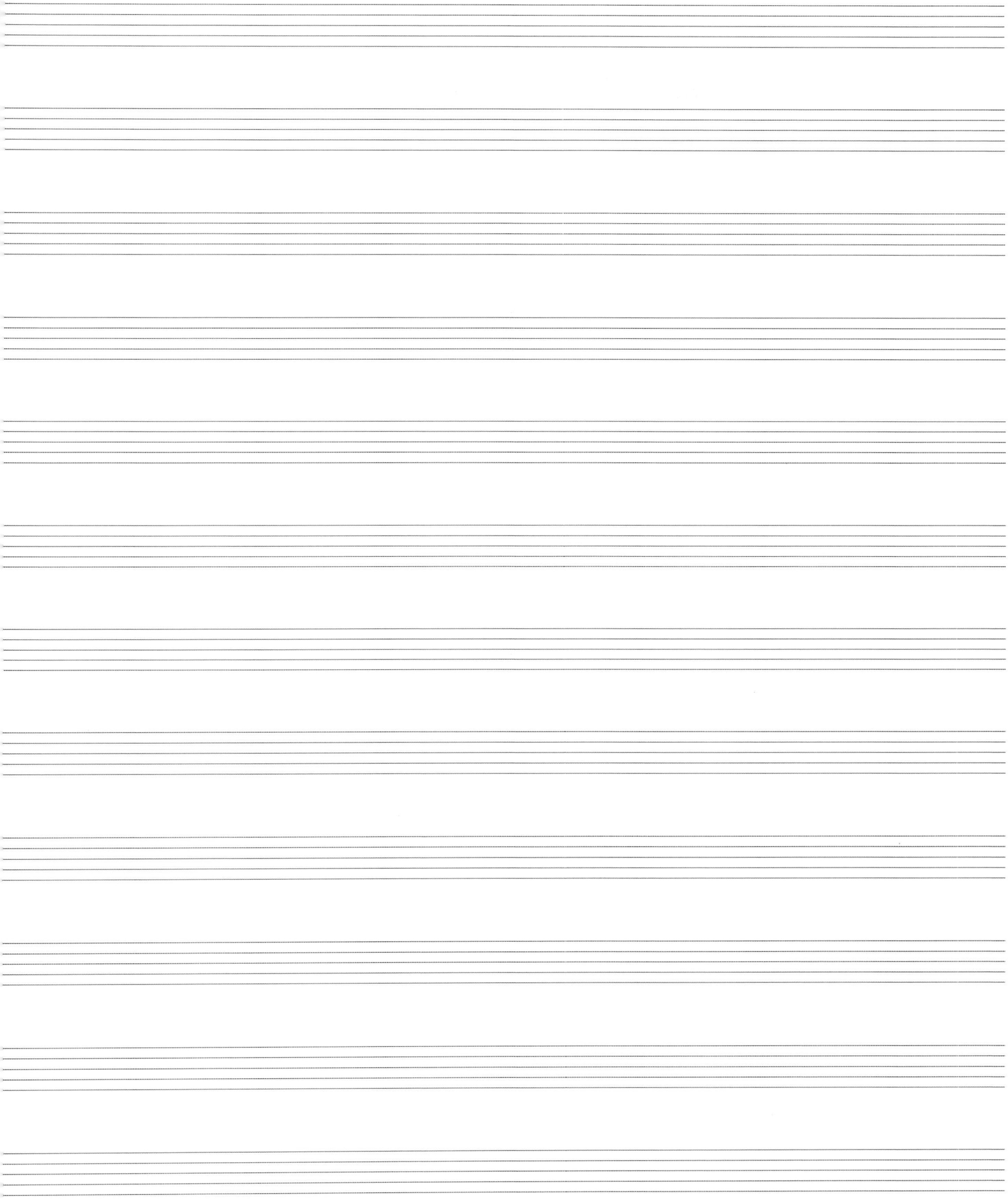

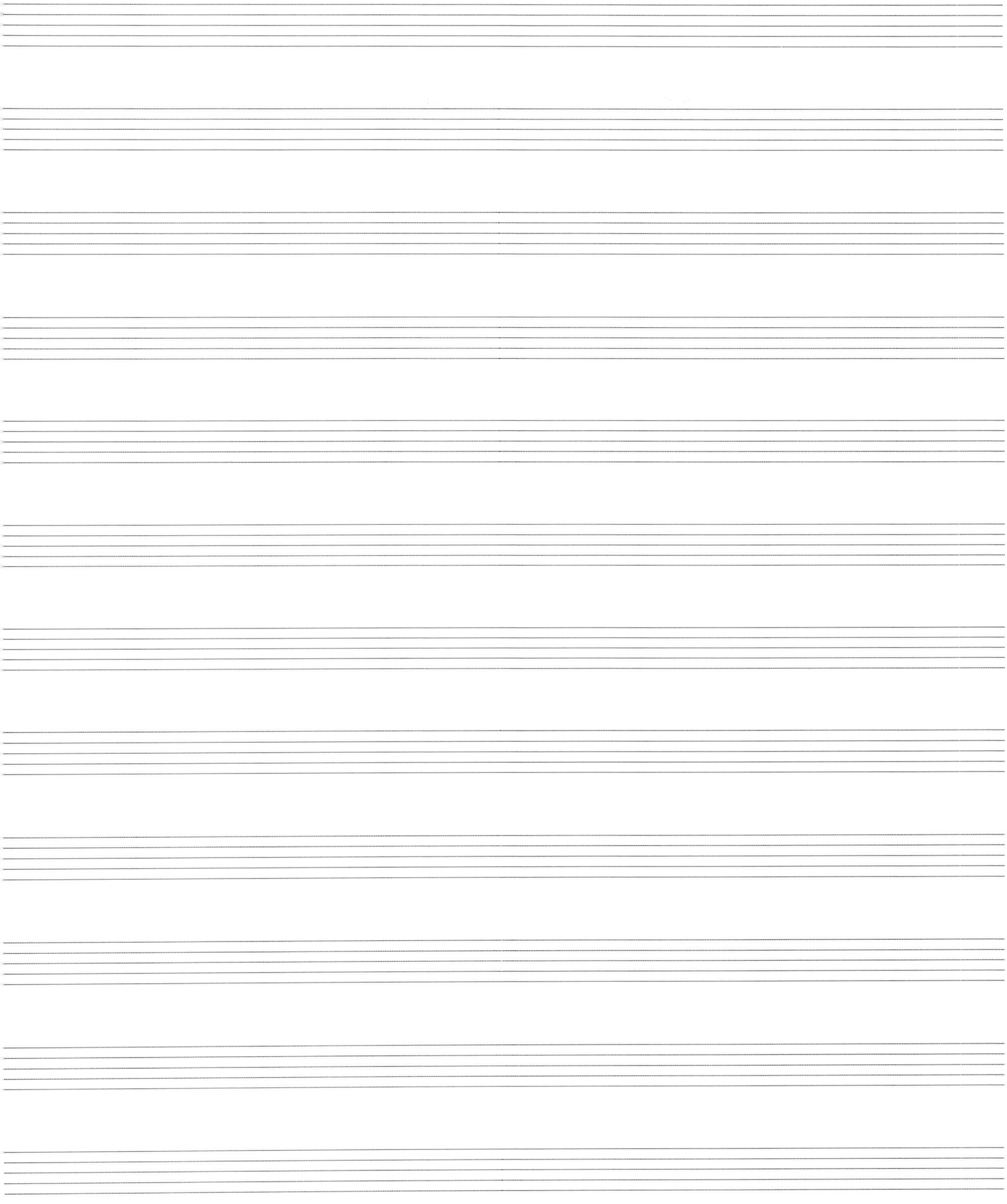

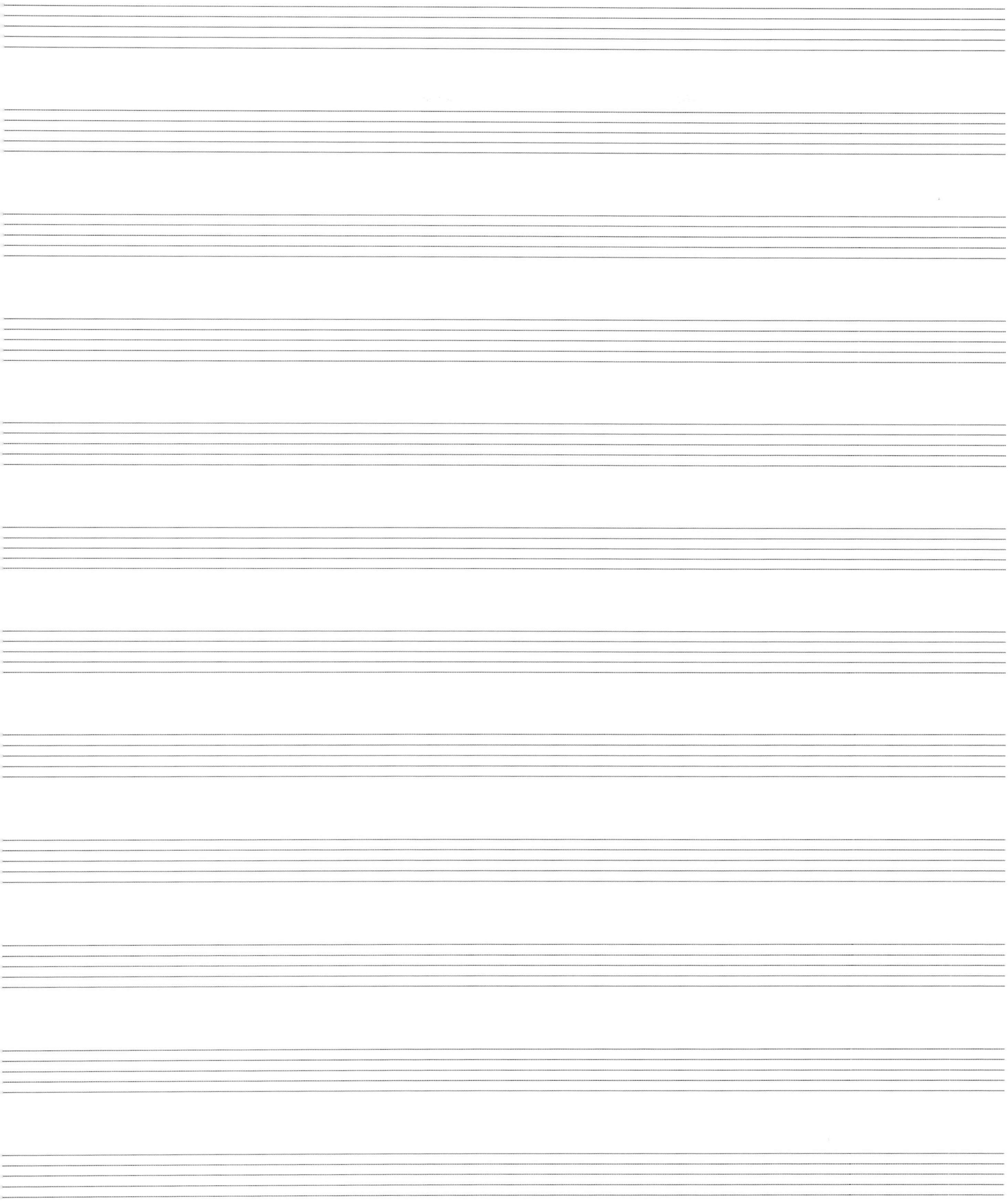

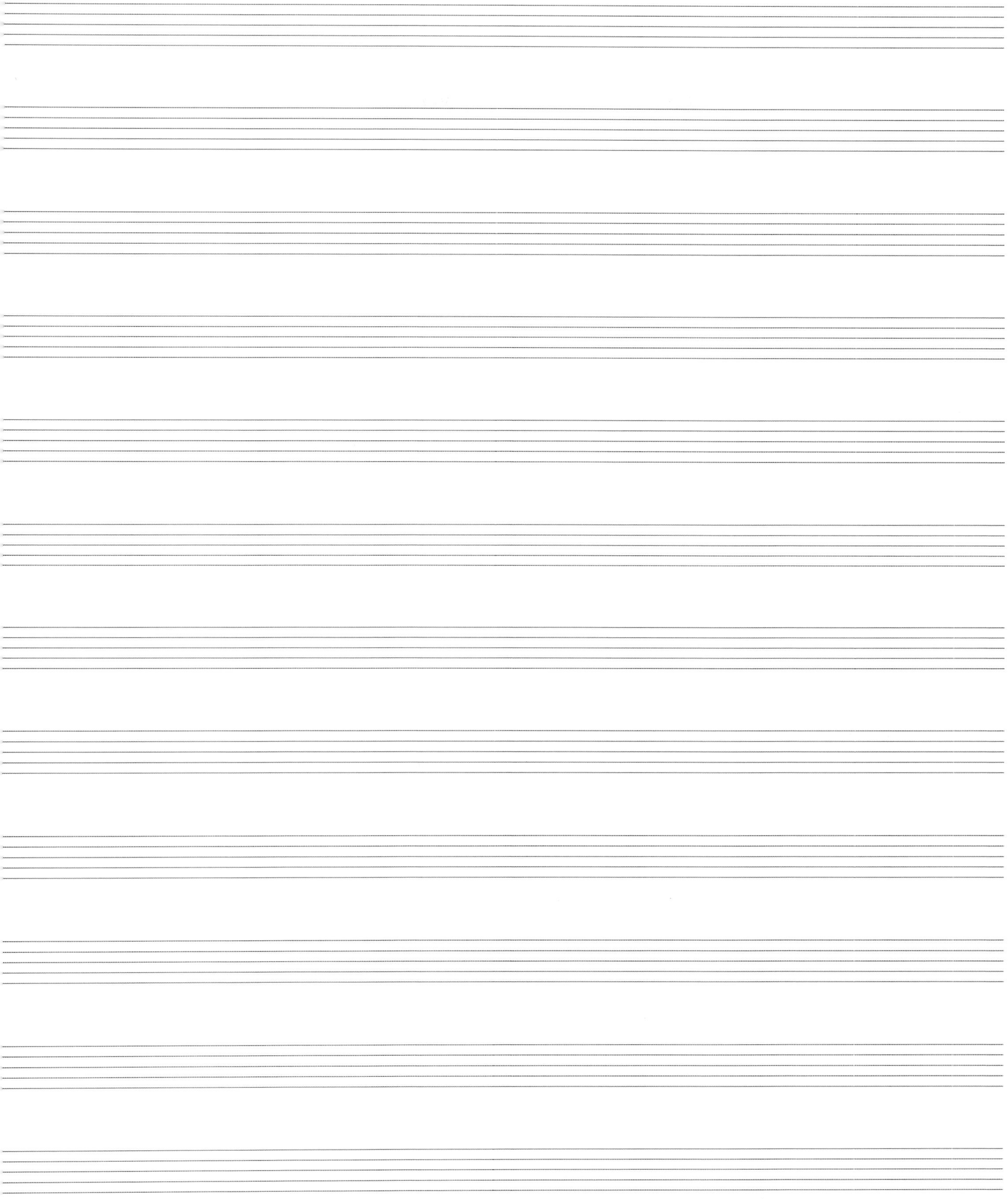

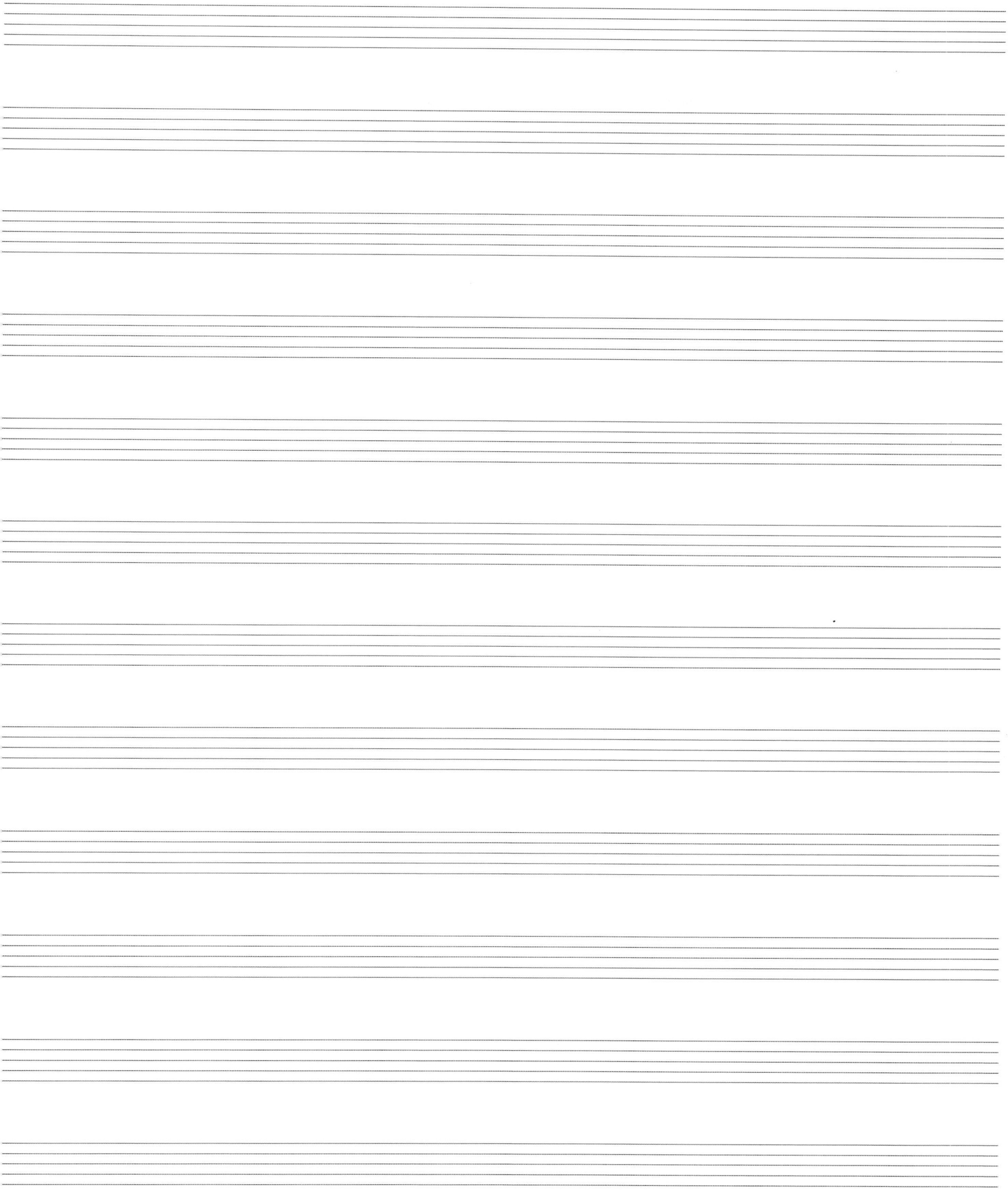

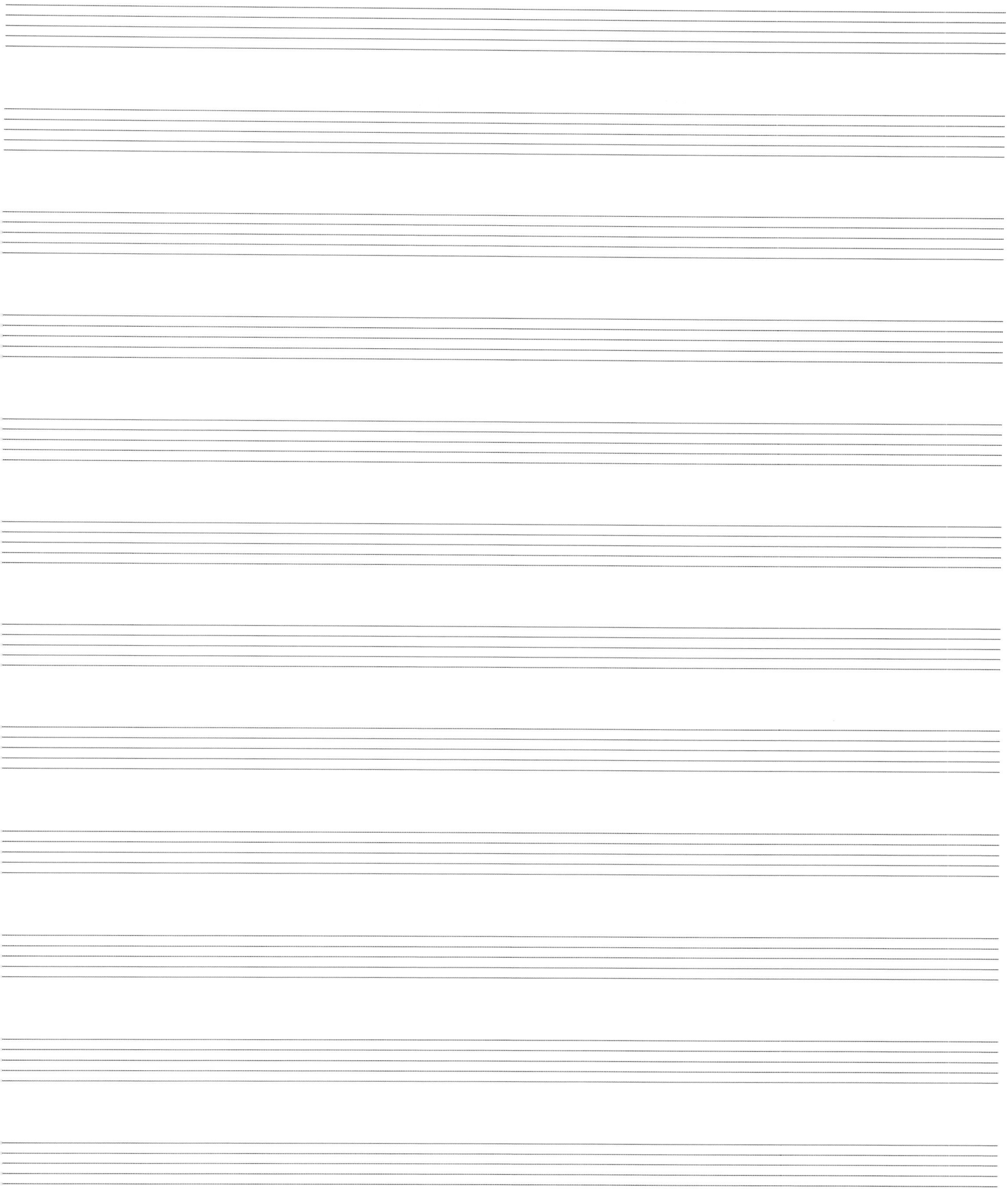

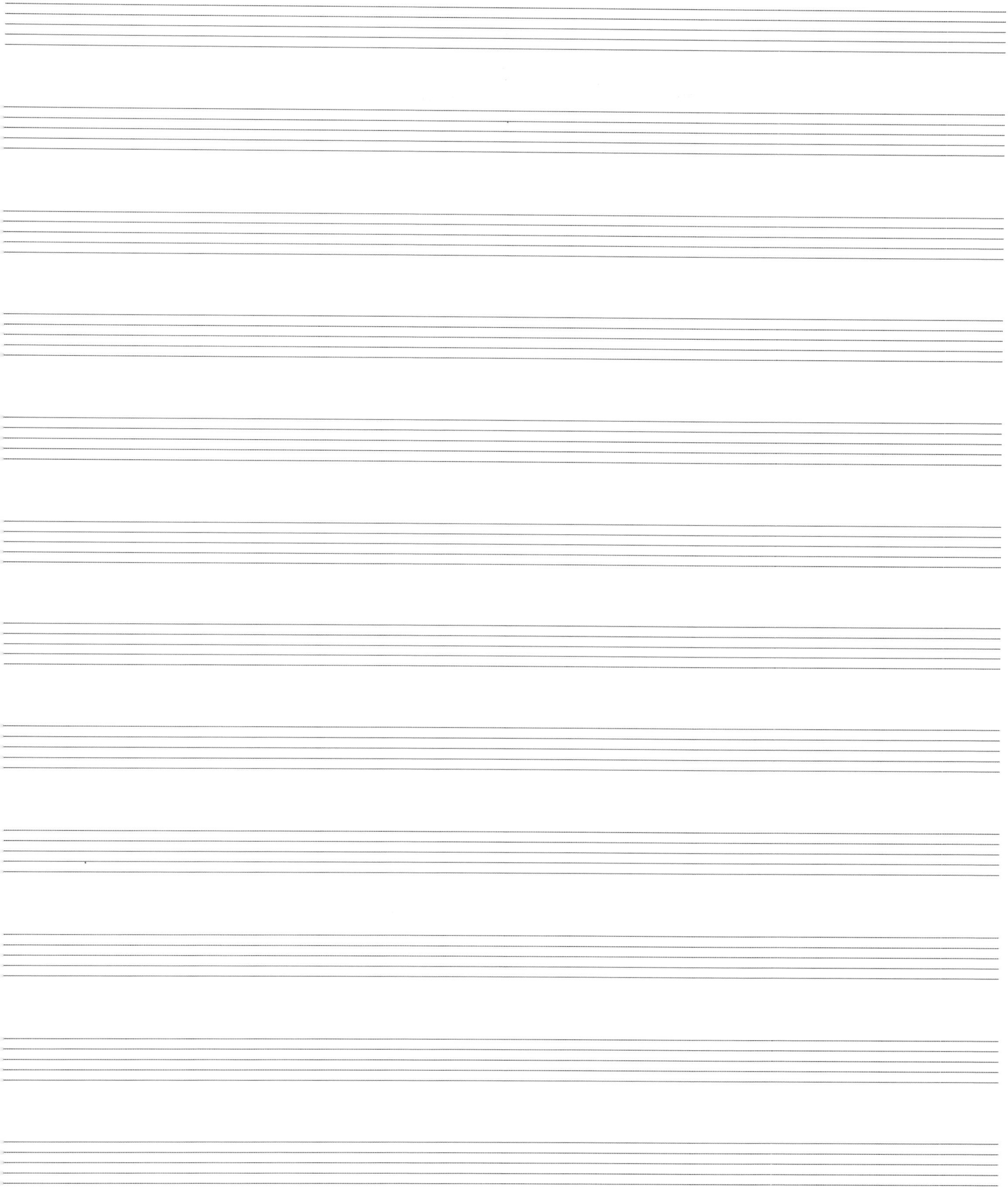

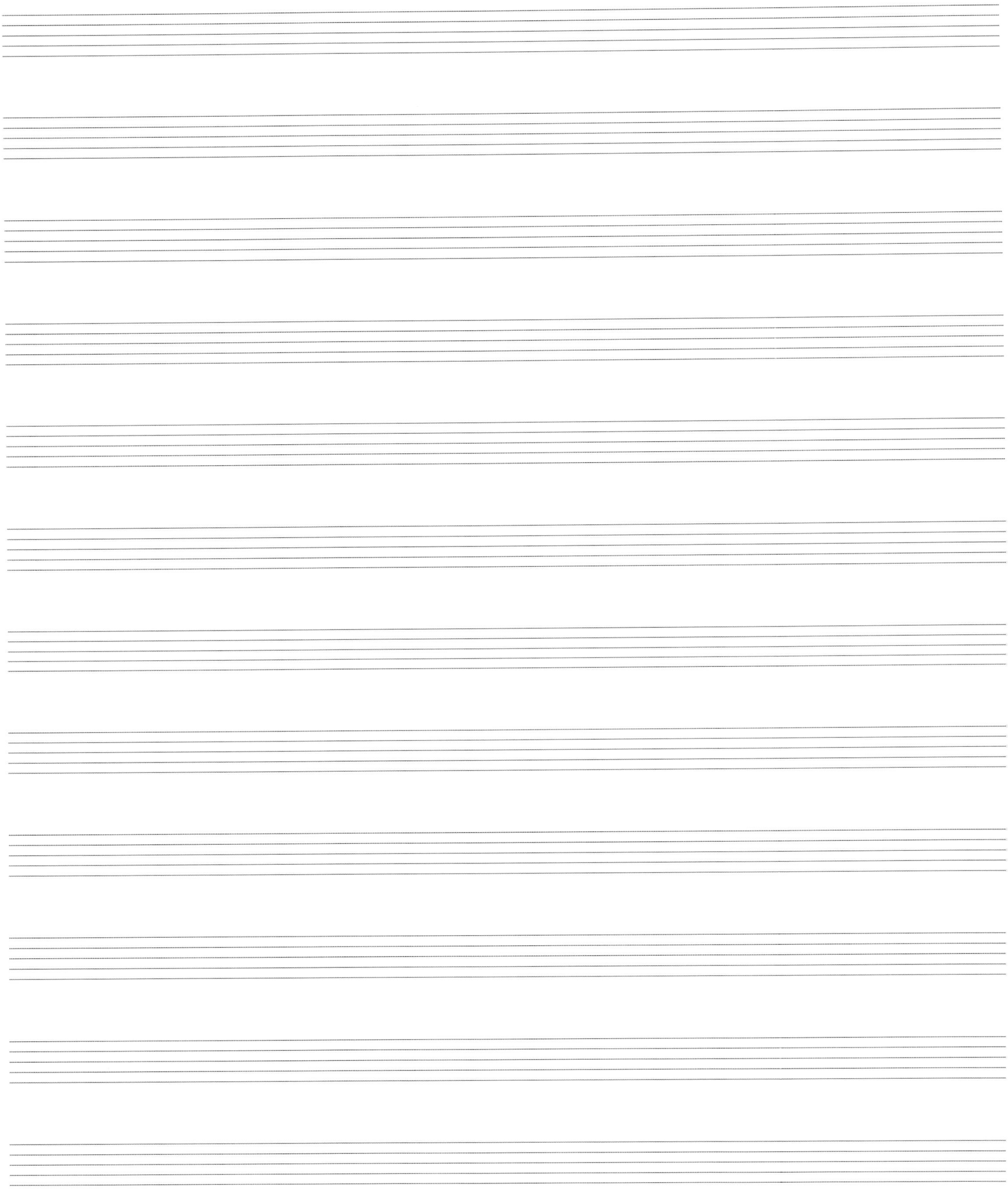

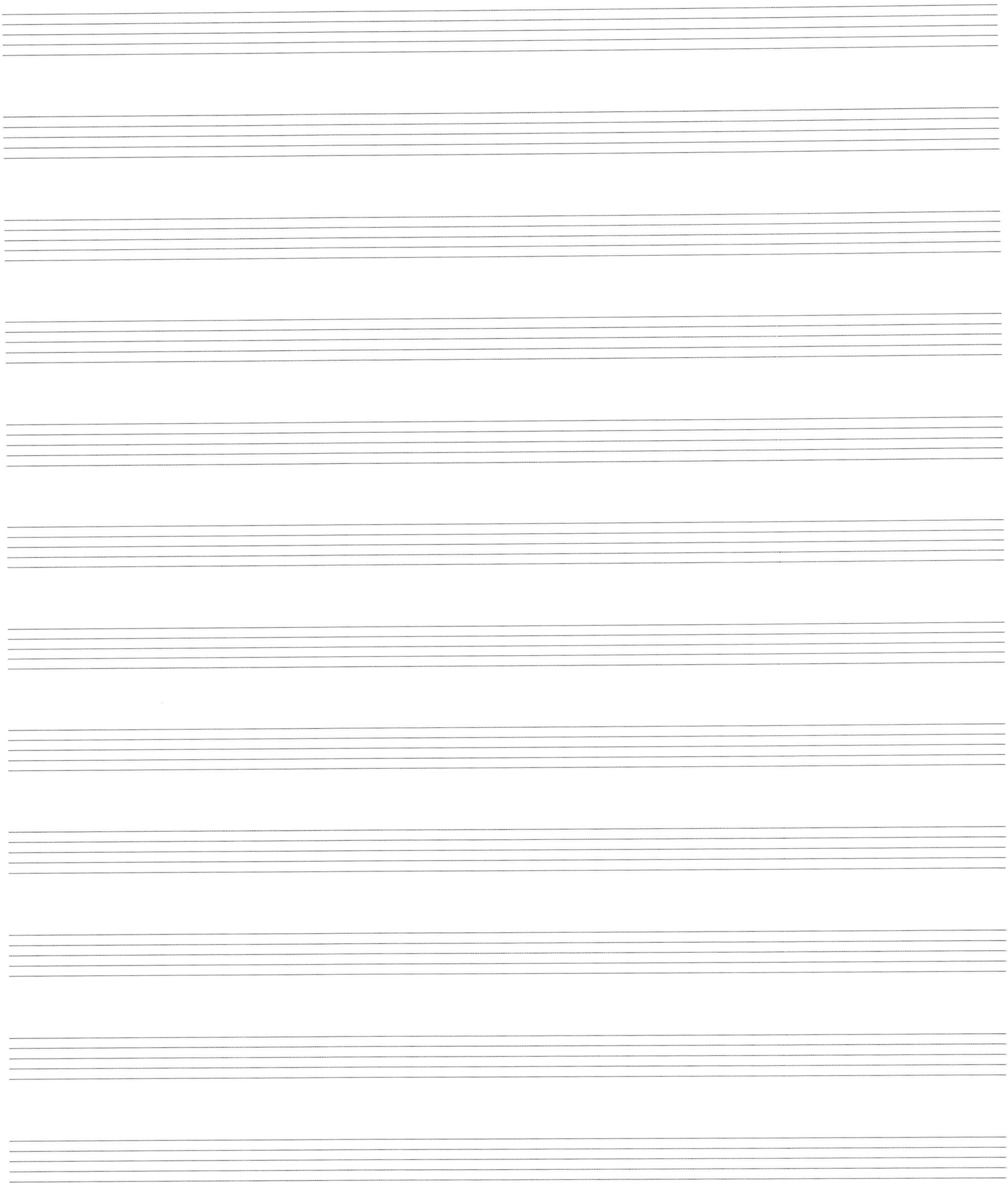

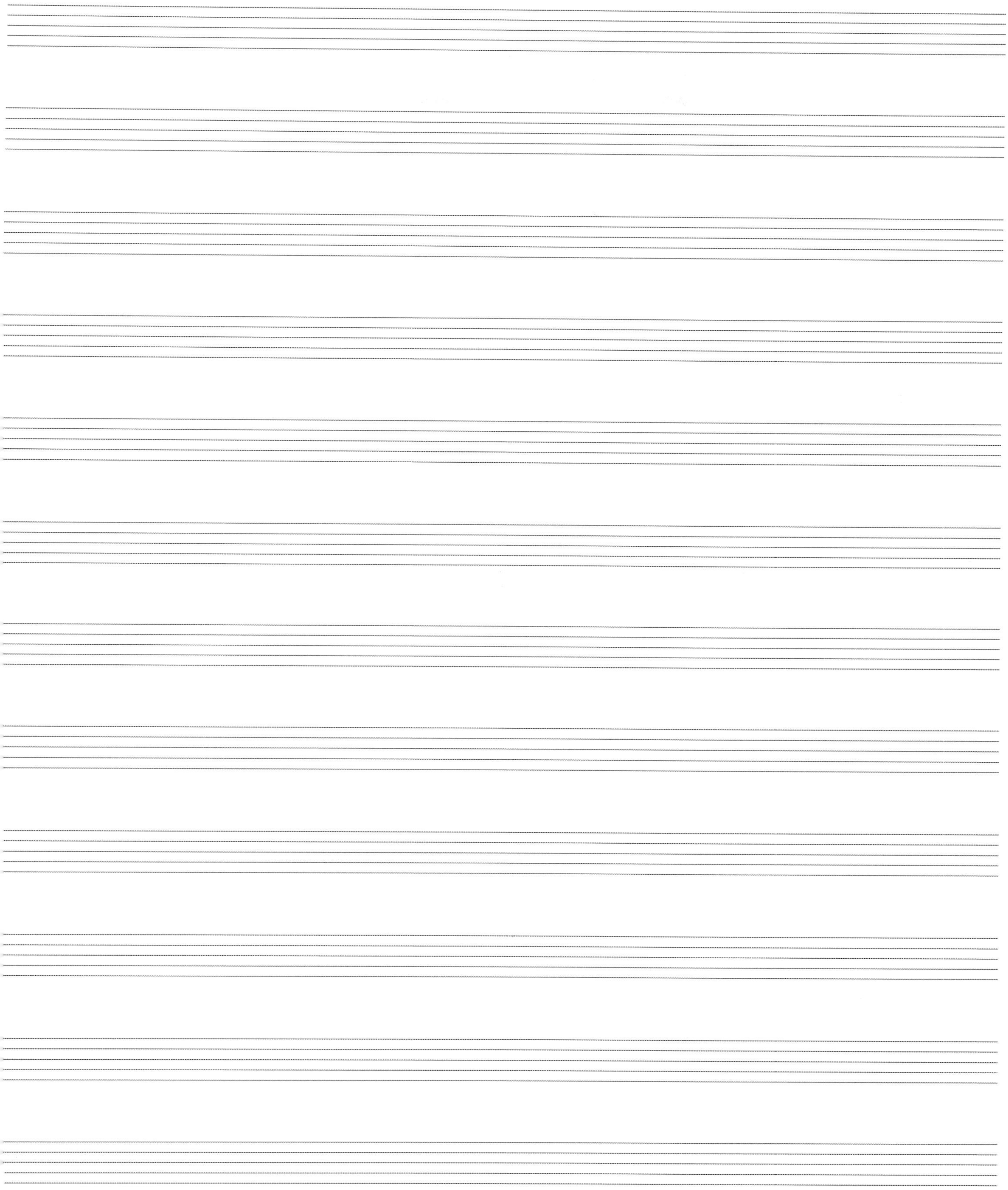

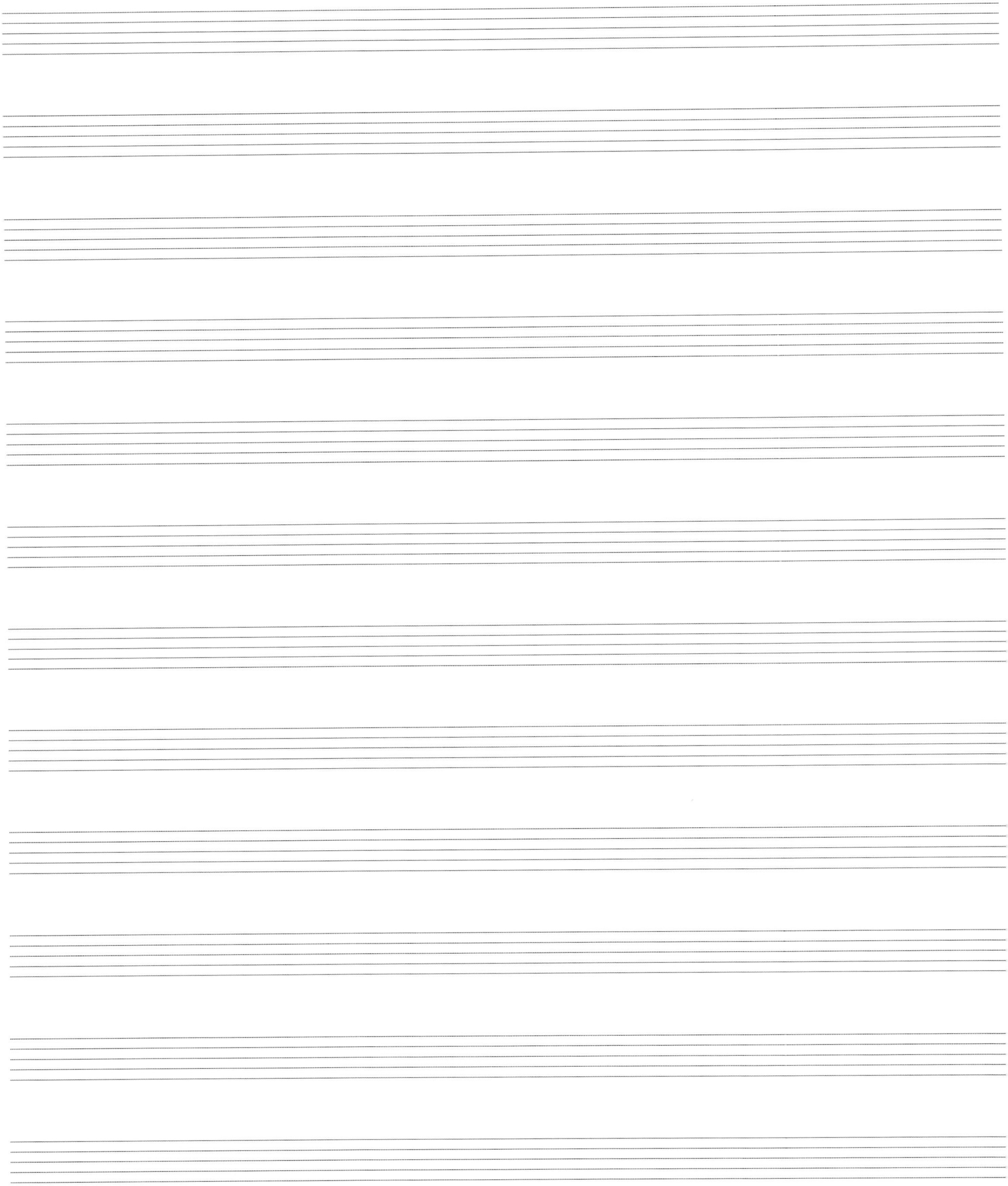

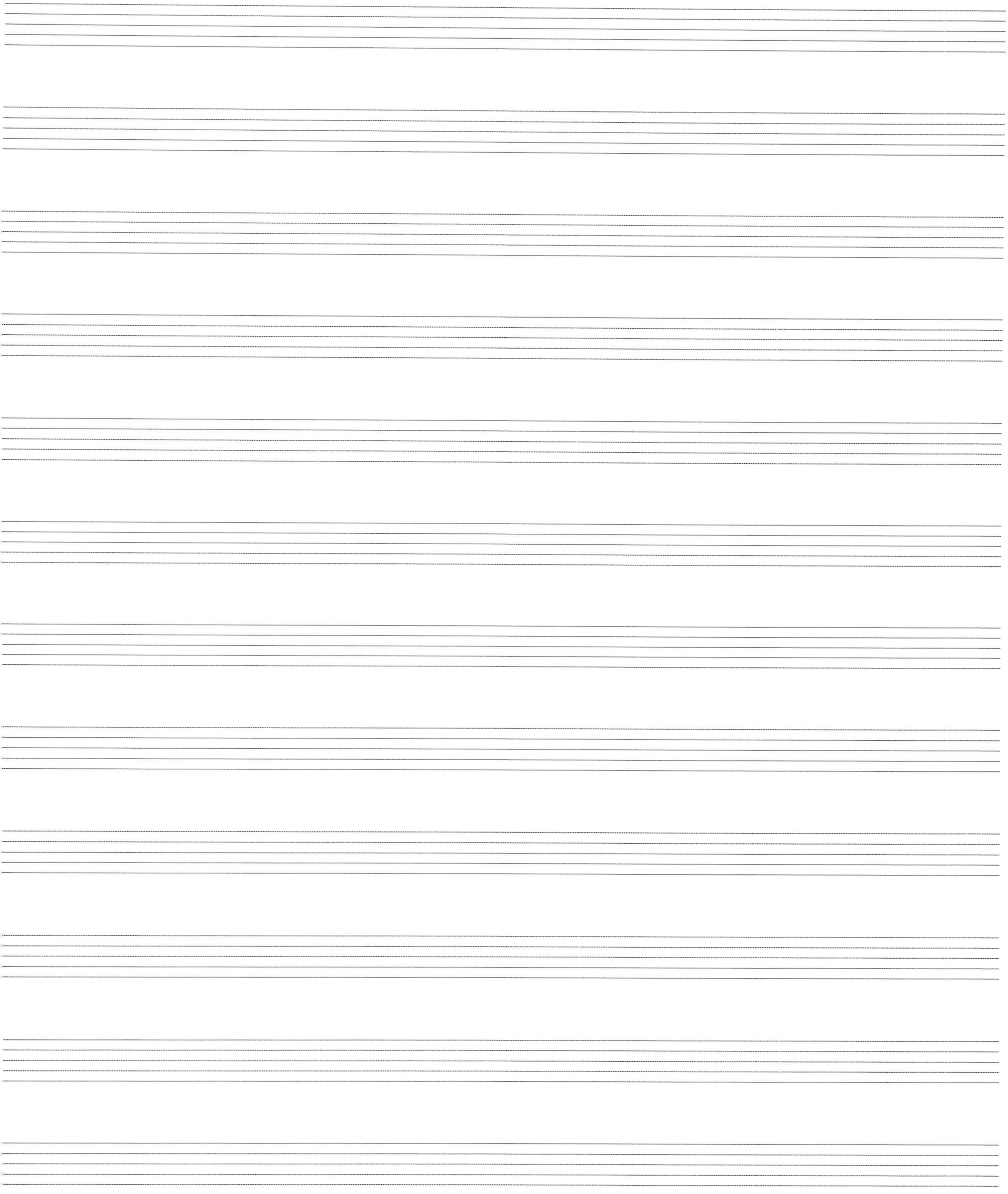

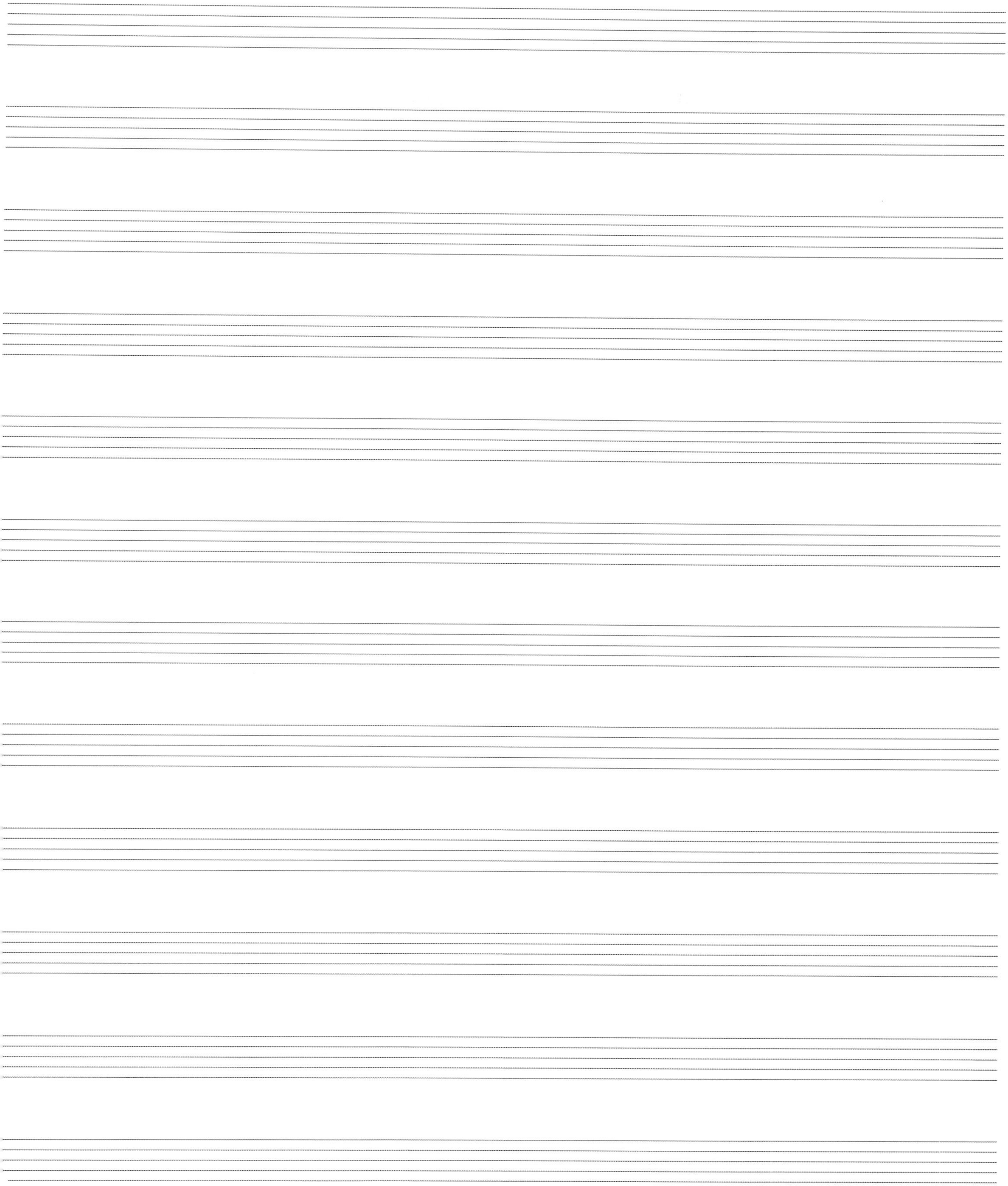

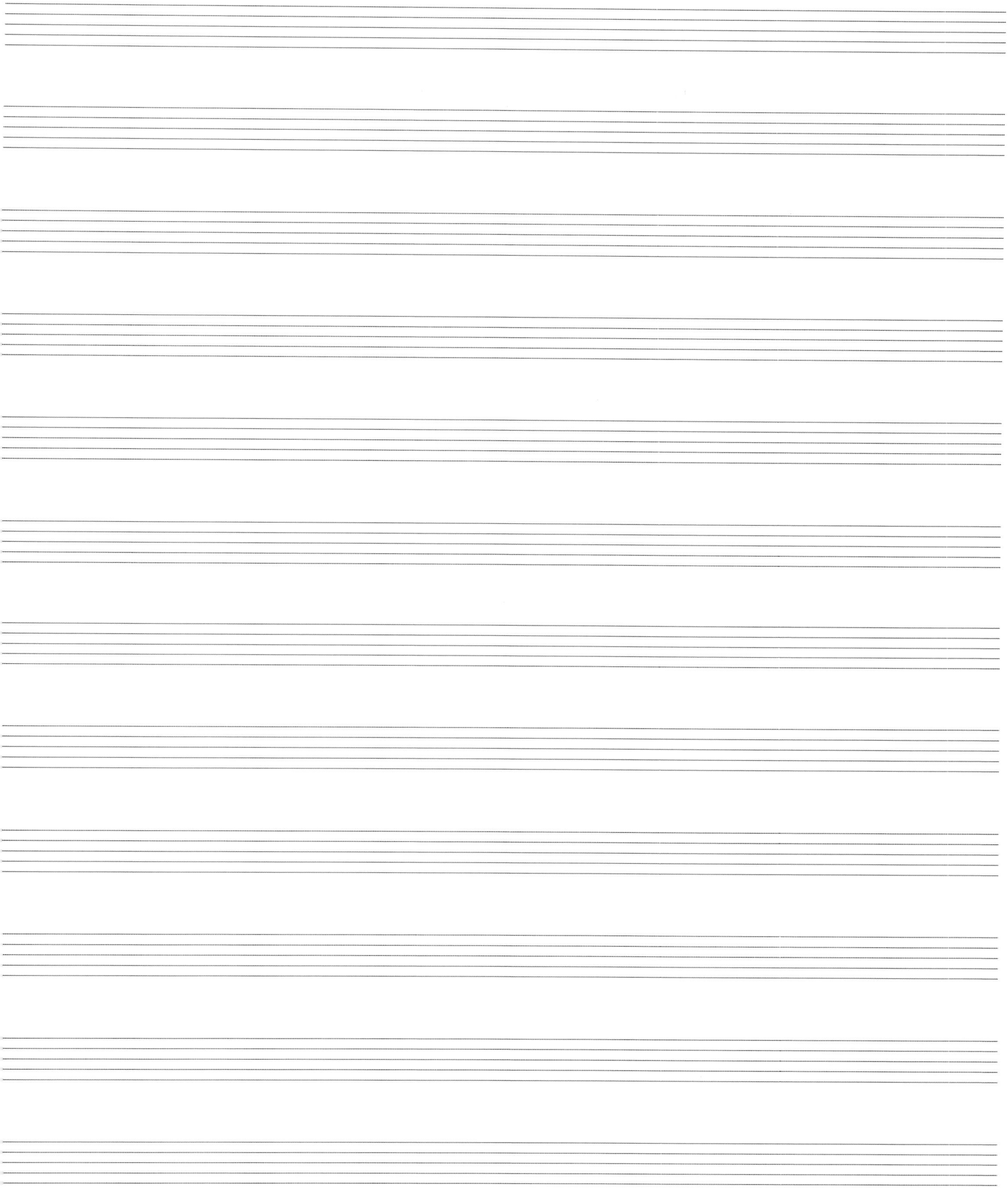

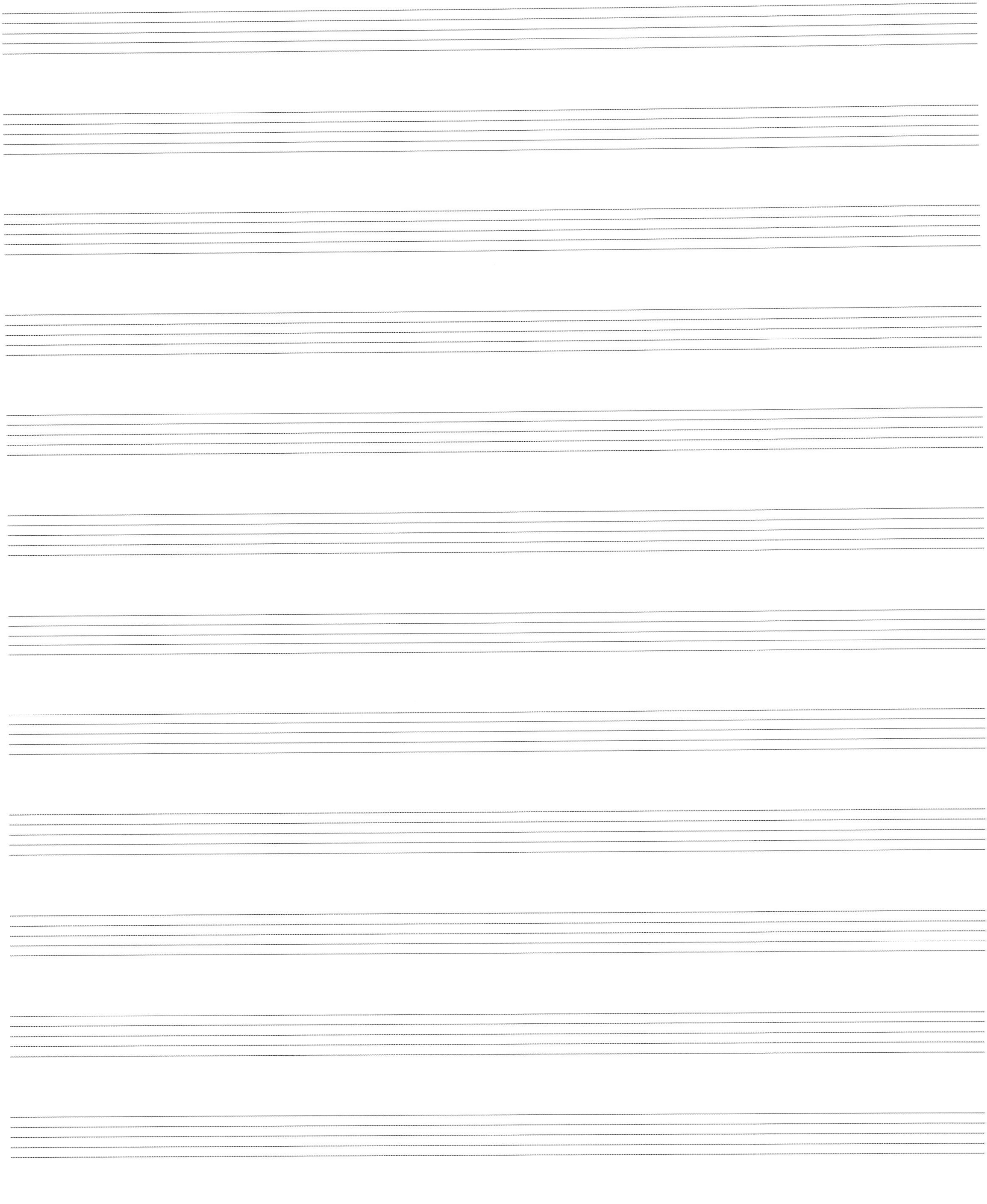

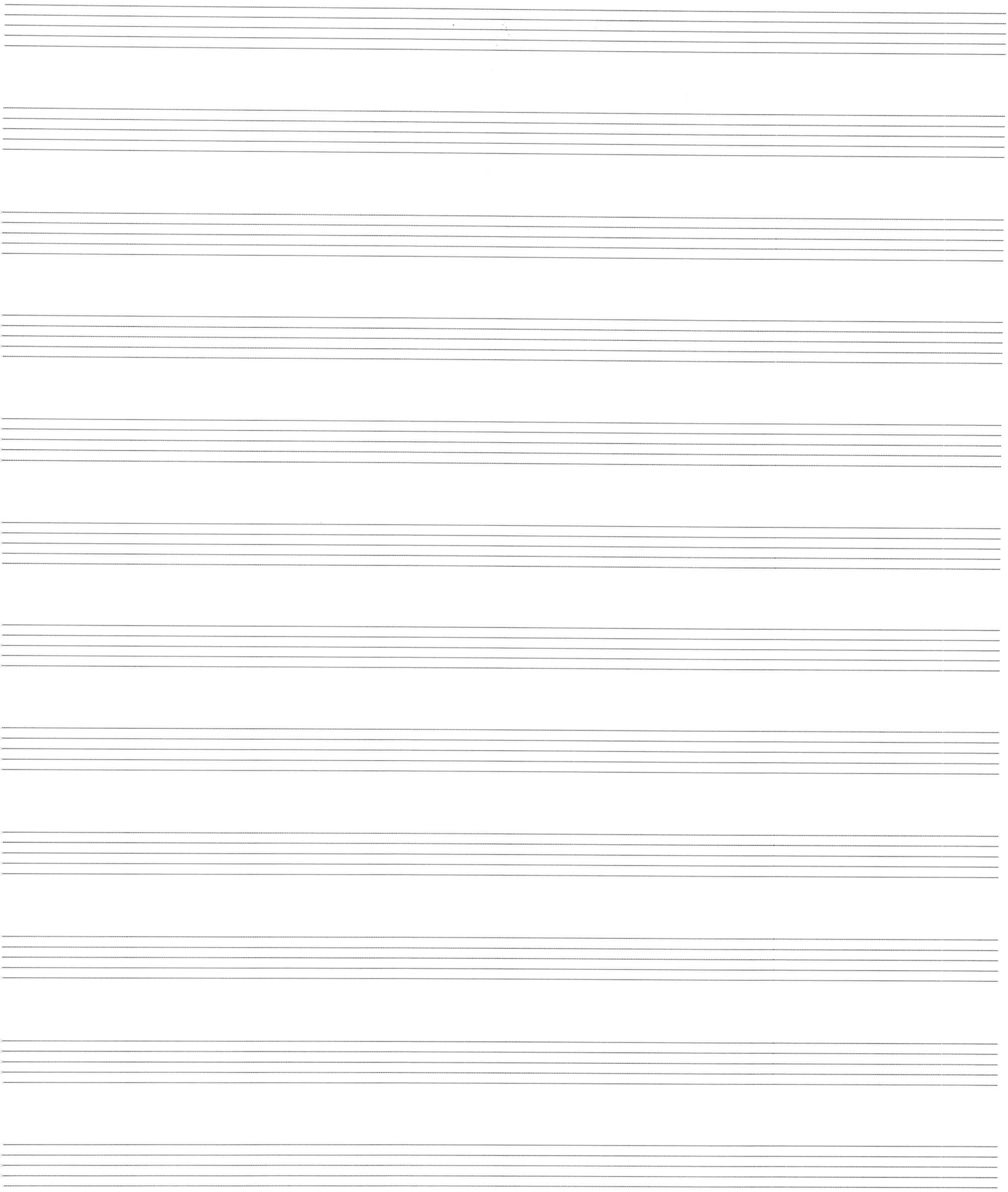

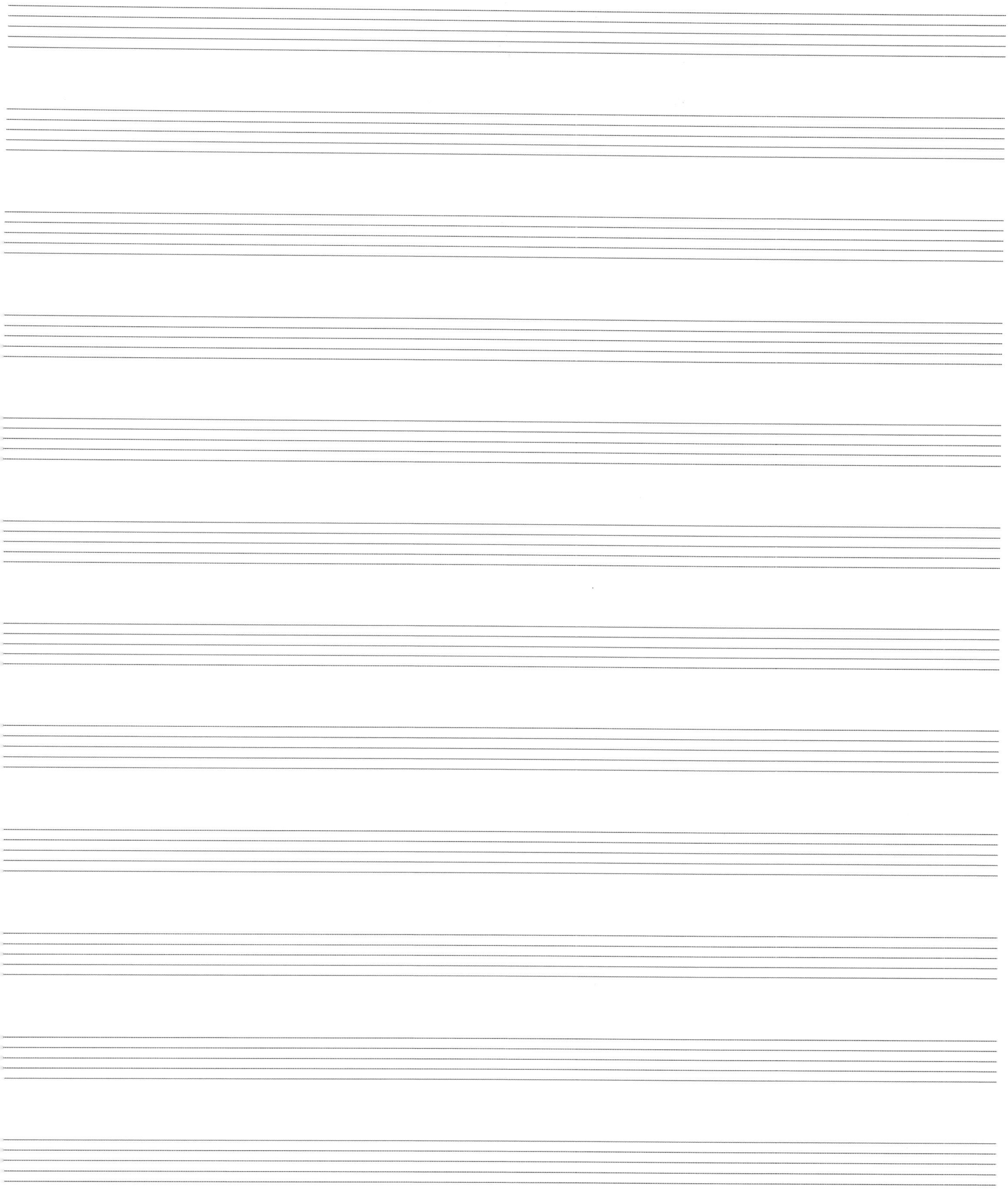

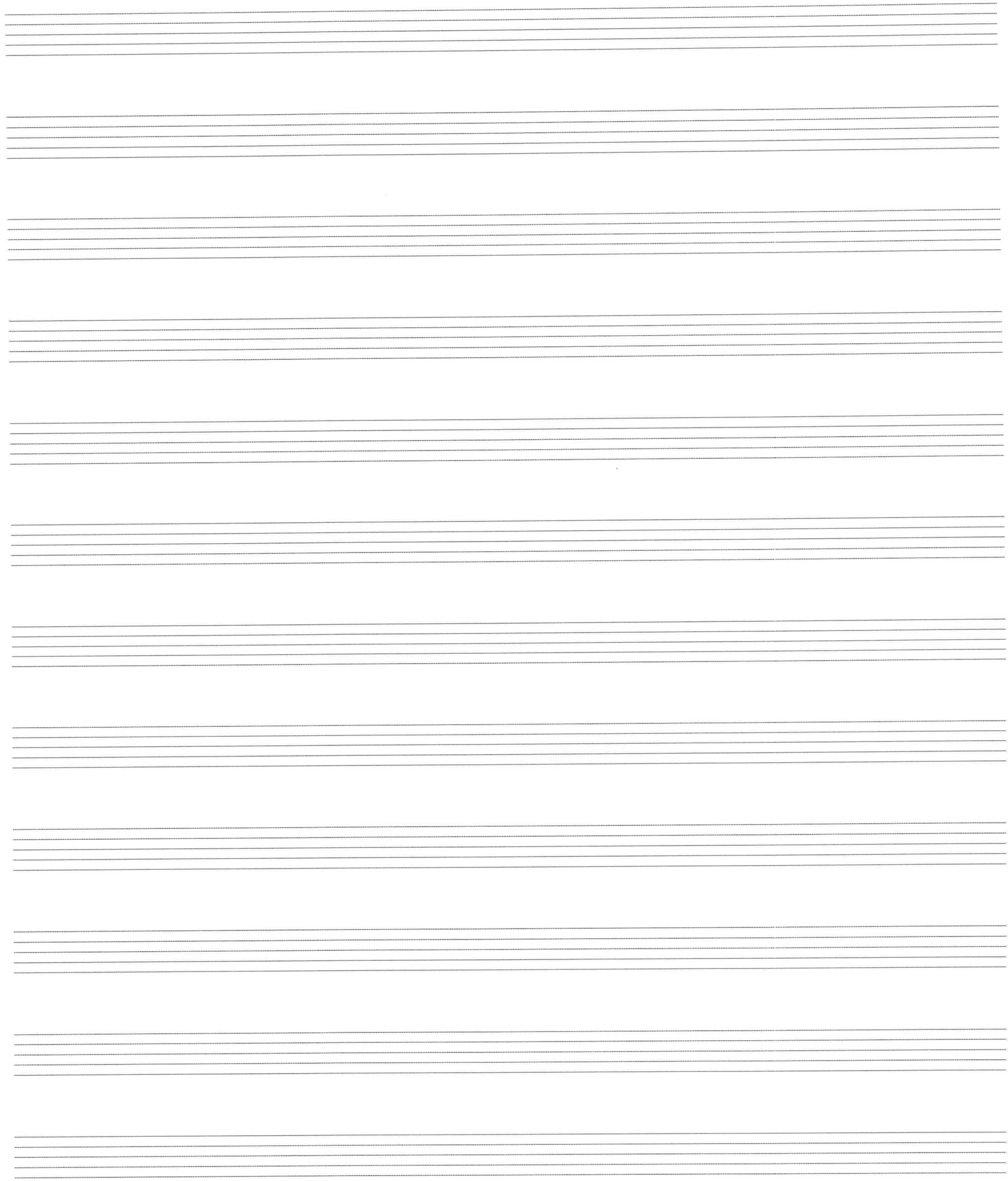

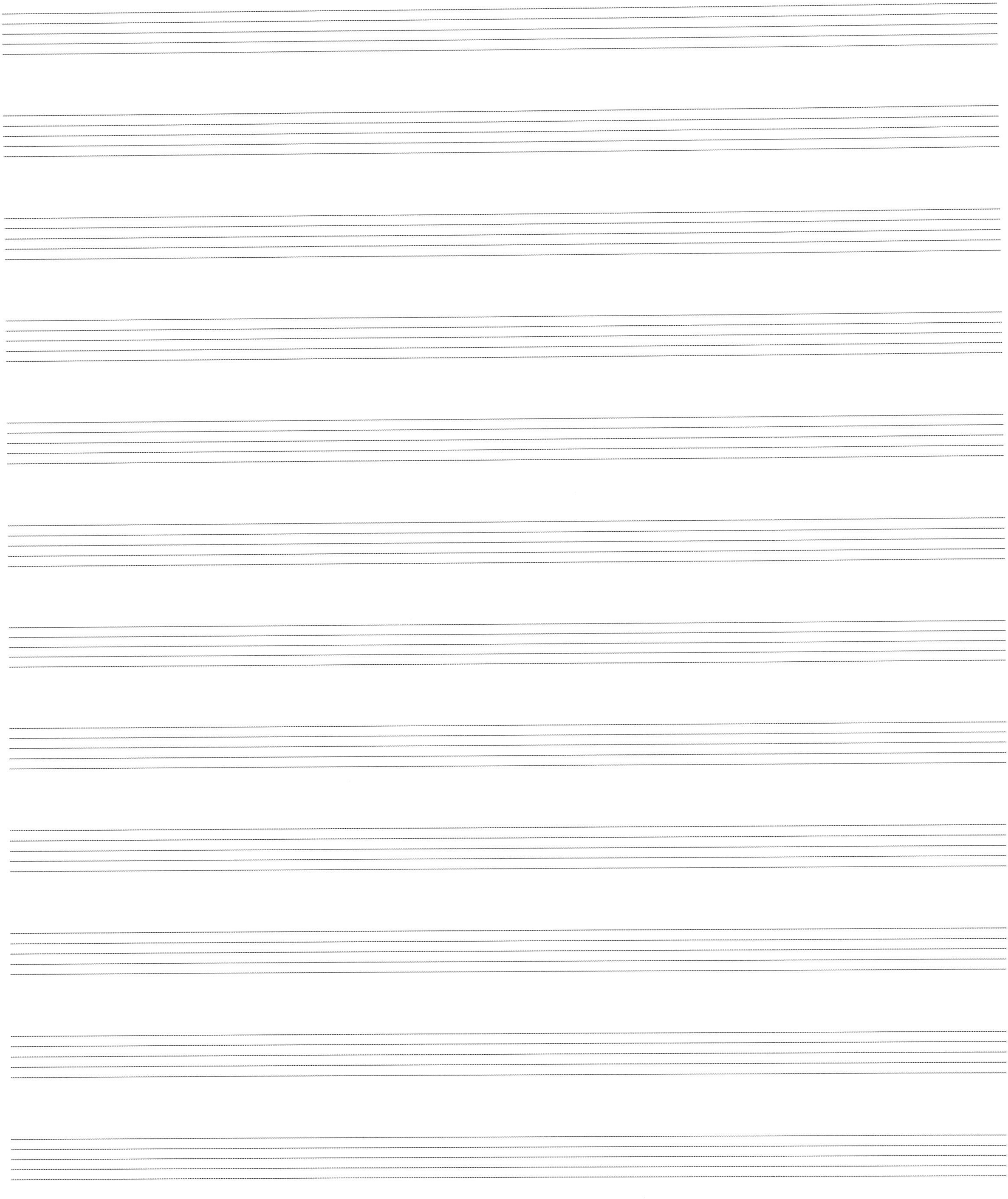

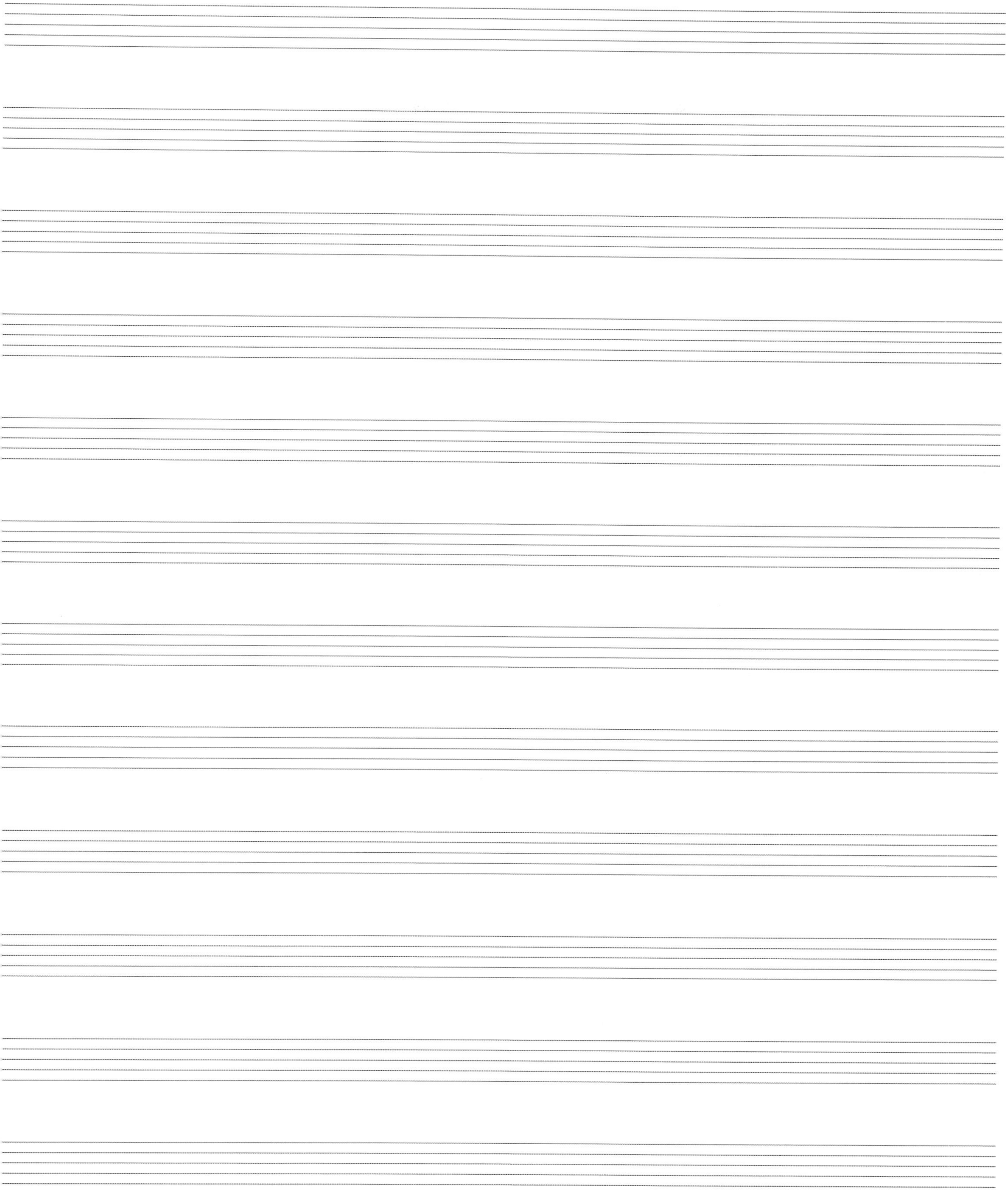

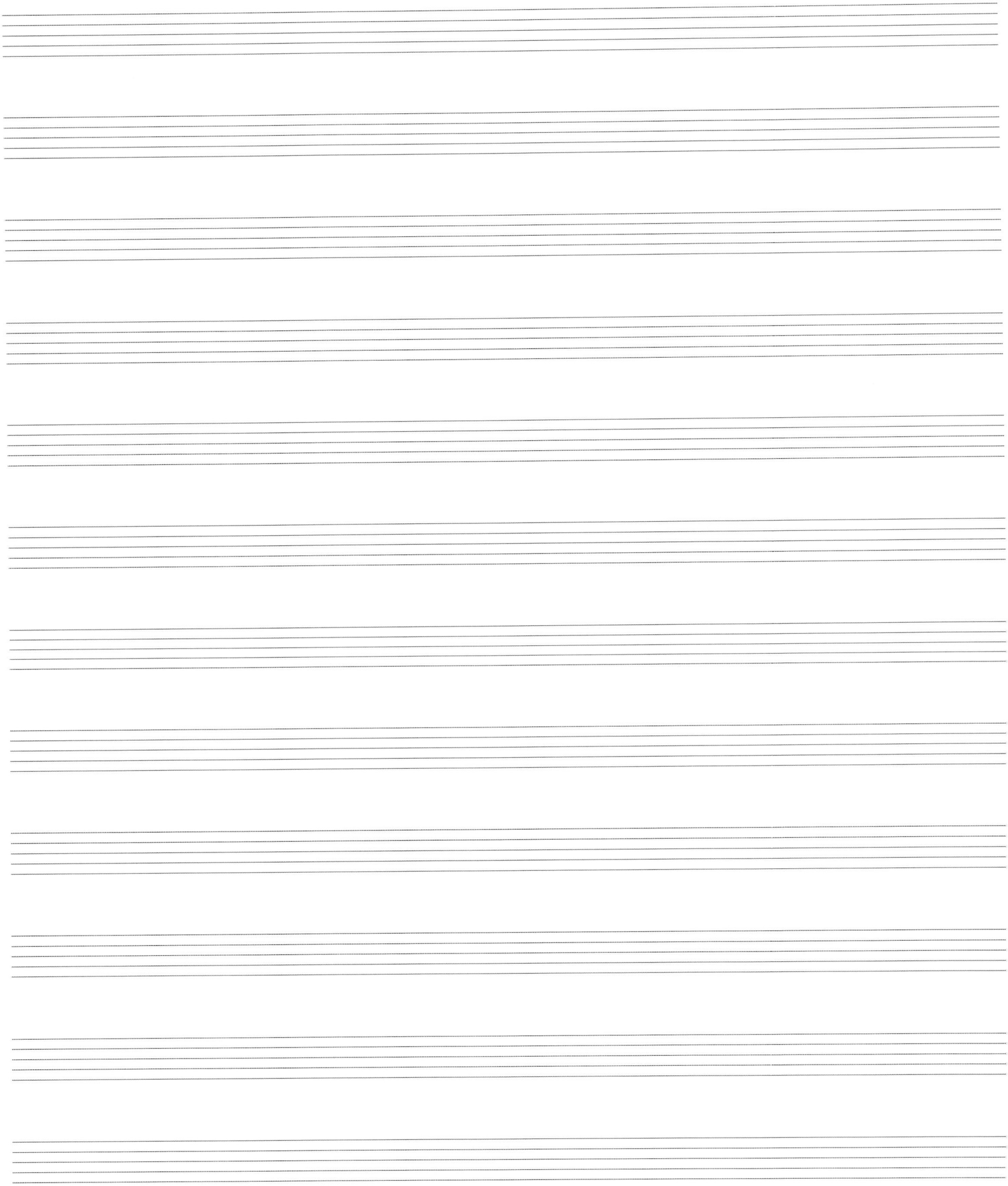

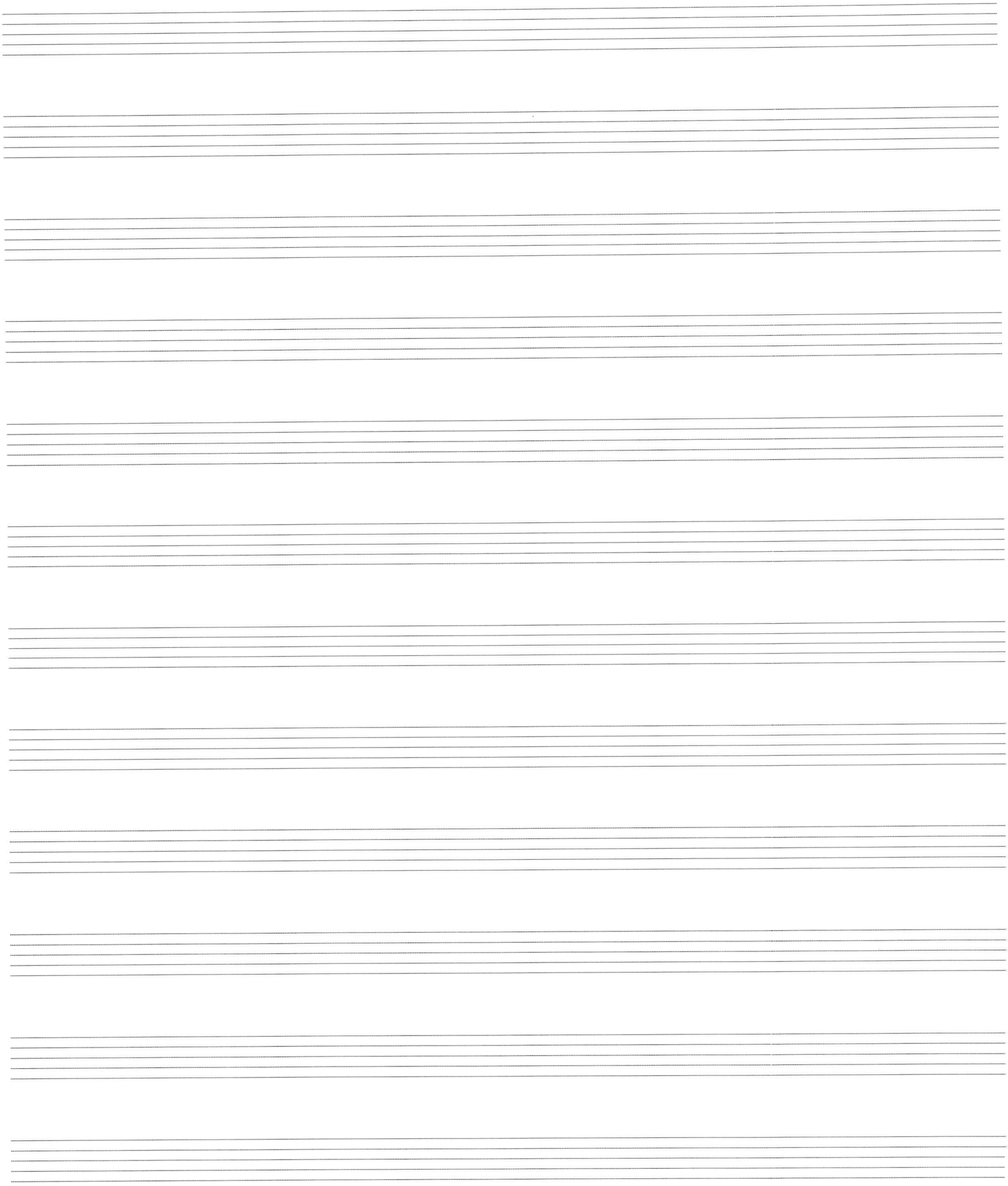

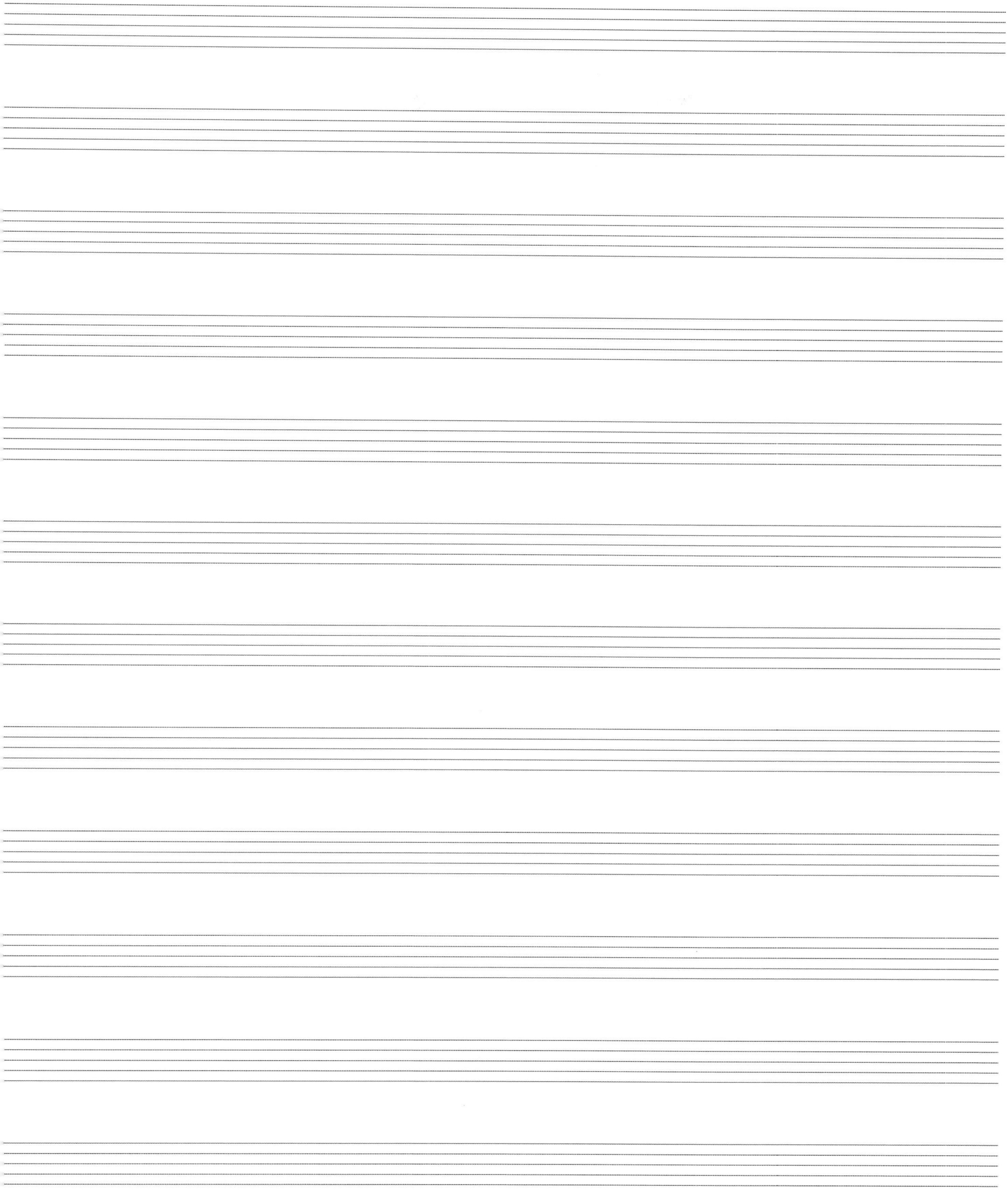

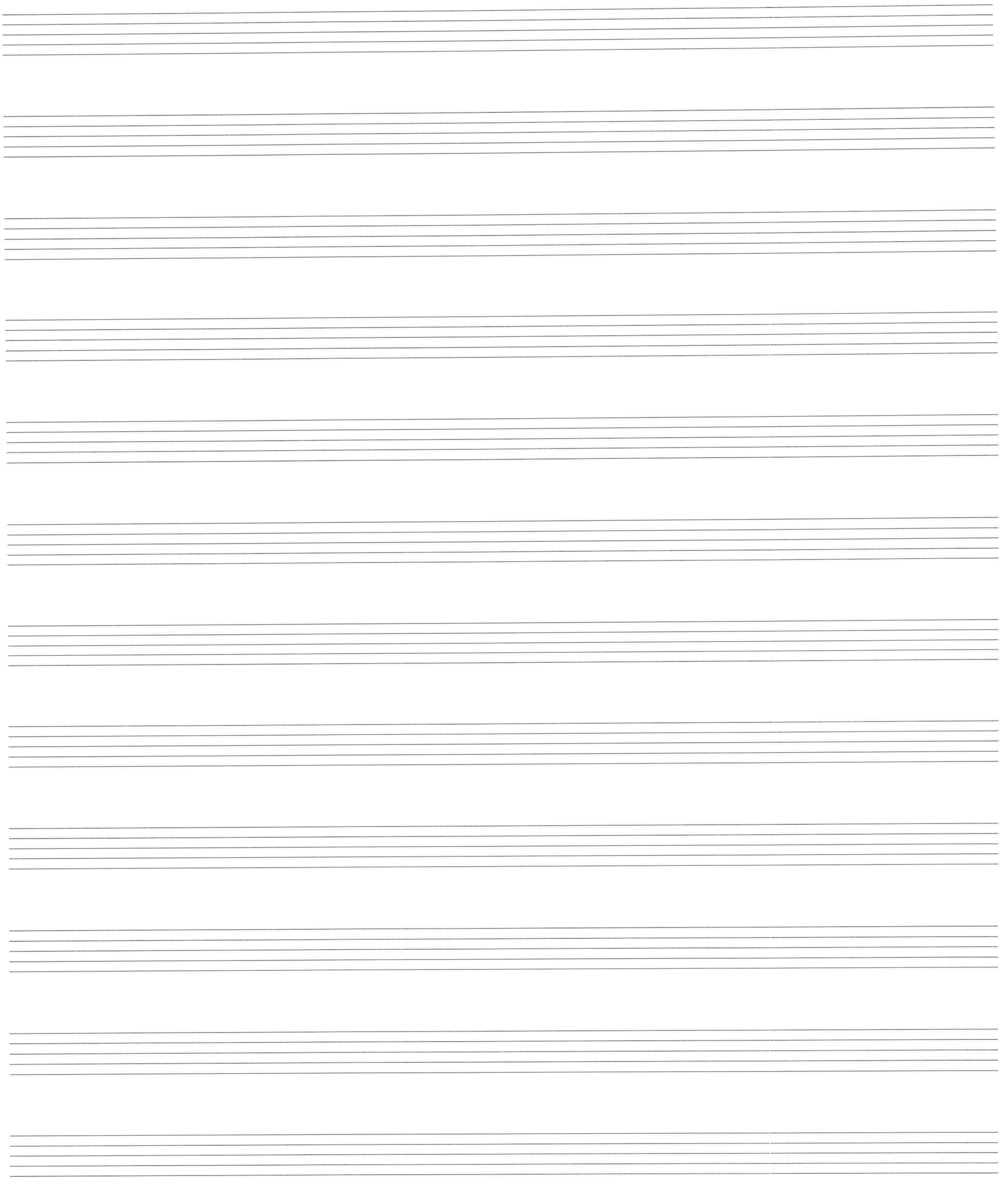

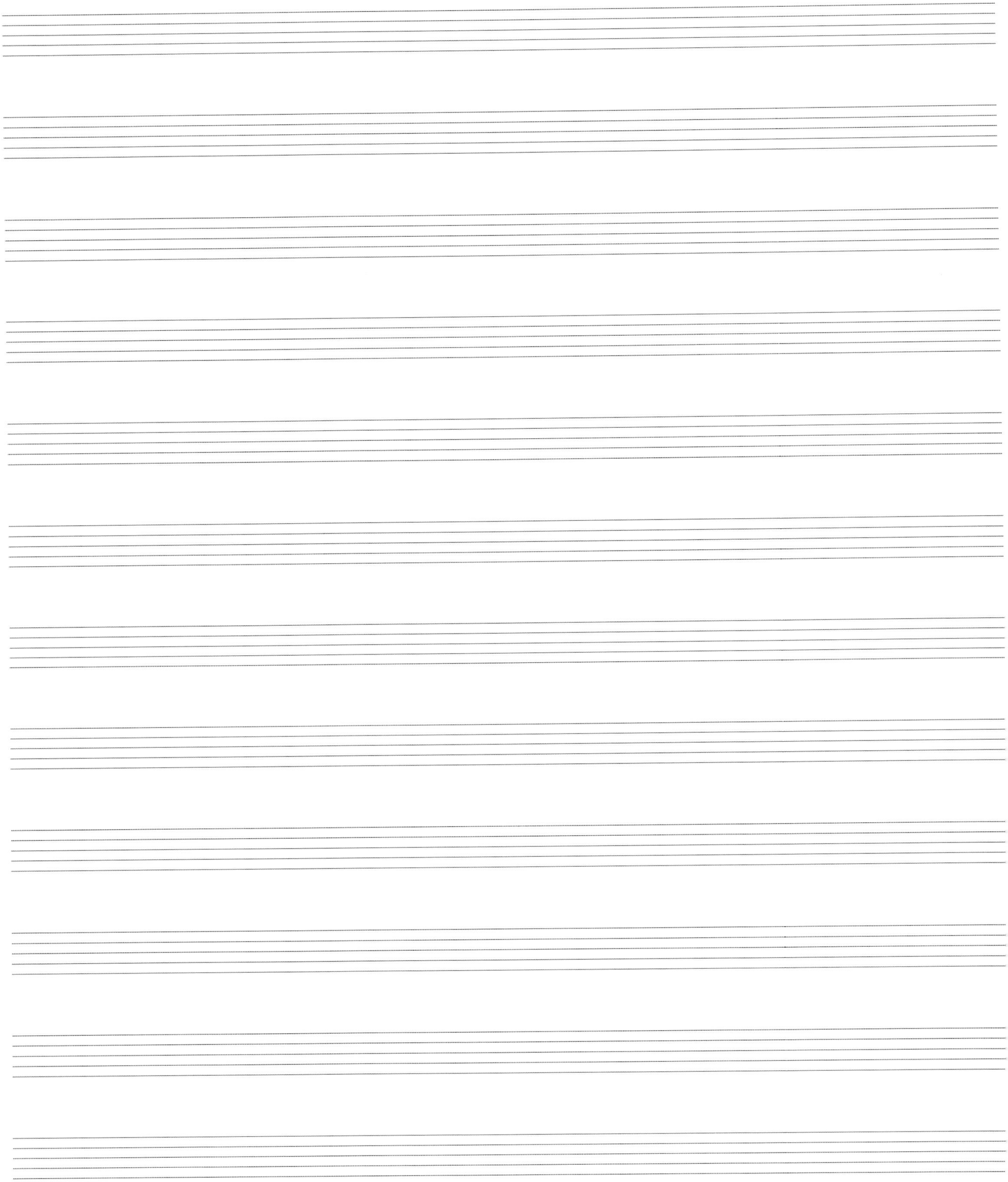